中央民族大学国际教育学院主办
Sponsored and Edited by College of International Education, Minzu University of China, Beijing

中国知网(CNKI)全文收录
Collected by CNKI

Chinese Language Globalization Studies

汉语国际传播研究

（总第11辑）

主编　吴应辉
Chief Editor: Yinghui Wu

2019年·北京

目　　录

CONTENTS

日本大学生汉语第三人称代词习得研究

〔日本〕任　利

提　要　本文以日本大学生汉语作文语料为基础，考察了日本大学生汉语第三人称代词的习得状况，发现日本大学生在汉语习得过程中存在第三人称代词回避使用现象。通过比较初级汉语教材中第三人称代词的使用状况，本文指出日本大学生汉语第三称代词回避使用现象的存在，不仅是因为受到母语的干扰，还因为受到教材的影响。

关键词　第三人称；回避使用；母语干扰；教材的影响；日本大学生

Japanese-Speaking Learners' Acquisition of Chinese Third Personal Pronouns

〔Japan〕Li Ren

Abstract　This paper focuses on Japanese-speaking learners' acquisition of Chinese third personal pronouns based on the data of Chinese essays written by Japanese-speaking learners. A Considerable number of avoidance use of Chinese third personal pronoun *ta* is found. By making a comparison with the use in the textbooks, this paper finds out that the reasons for avoidance use, came from mother tongue transfer from Japanese as well as the interference from the textbooks.

Key words　*ta*, avoidance use, transfer, interference from the textbooks, Japanese-speaking learners

〇、序言

尽管日本属于汉字文化圈，但是在人称代词的使用上日语和汉语迥然不同。例如，以单数

【作者简介】任利，女，日本籍，东京农工大学教授，研究方向为对日汉语教学法。

第三人称代词为例，下面的中文对话，在日语中不能使用第三人称代词：

(1) 中文　日文

问："你妈妈在家吗?"　お母さんはいらっしゃいますか?

答："她不在家。"　＊彼女はいません。

问："你爸爸呢?"　お父さんは?

答："他也不在家。"　＊彼もいません。

现代汉语的第三人称代词"他""她""它"，对应的日语是「彼」,「彼女」,それ・あれ(严格来说，不是人称代词，是指示词)。但是，现代汉语的第三人称代词"他""她"可以用于指称自己的父母，日语的第三人称是不可以指示长辈的。也就是说，日语中第三人称的使用是有限制的。

虽然日本大学生在学习汉语时比其他非汉字文化圈的学生有一定优势，但在人称代词的习得上却不一定有优势，甚至存在很大困难。本研究以日本大学生汉语作文语料为对象，分析日本大学生汉语第三人称代词的习得，期望对今后的对日汉语教学有所帮助。

一、研究方法与结果

本研究资料来源于汉语作为第二外语的日本大学生语料，调研对象50人(汉语习得期为5个月)，作文50篇(共计6185个汉字)。从中抽取第三人称代词的使用次数，计算在作文总词汇中的使用频率。参见表1。

表1　日本大学生作文中第三人称代词的使用频率

使用情况	第三人称			总词数/个
	他	她	它	
使用次数/次	3	1	0	4632
使用频率/%	0.06	0.02	0.00	

为了进行对照，本研究又做了以下两个追加调查。

追加调查1：中国大学生50人的作文50篇(共计8,518个汉字)。抽取第三人称代词的使用次数，计算在作文总词汇中的使用频率。参见表2。

表2　中国大学生作文中第三人称代词的使用频率

使用情况	第三人称			总词数/个
	他	她	它	
使用次数/次	43	11	0	4887
使用频率/%	0.88	0.23	0.00	

追加调查2:以日本大学生50名和中国大学生50名为对象实施以下填空练习。结果参见表3。

(2)阅读以下问题,用适当的词语填空。

①问:你爷爷今年多大年纪? 答:(　　)今年70岁了。

②问:你奶奶在家吗? 答:(　　)不在家。

③问:你爸爸做什么工作? 答:(　　)是公司职员。

④问:你妈妈喜欢中餐还是喜欢西餐? 答:(　　)都喜欢。

⑤问:你的中文老师是中国人吗? 答:对,(　　)是中国人。

⑥问:你哥哥(姐姐)也是大学生吗? 答:对,(　　)也是大学生。

⑦问:你弟弟(妹妹)也是大学生吗? 答:不,(　　)不是大学生。

⑧问:你男(女)朋友也是大学生吗? 答:不,(　　)不是大学生。

表3　日本大学生和中国大学生的填空练习结果

问题	日本大学生		中国大学生	
	第三人称使用	第三人称不使用	第三人称使用	第三人称不使用
①		○	○	
②		○	○	
③		○	○	
④		○	○	
⑤		○	○	
⑥		○	○	
⑦		○	○	
⑧	○		○	

比较表1和表2的结果是,与中国大学生的作文相比,日本大学生的第三人称的使用频率极低。

表3表明,日本大学生除了问题⑧使用第三人称外,其余都不使用第三人称。与此相对照,中国大学生全部使用第三人称。由此可见,日本大学生有回避使用第三人称的现象。

二、分析

(一)汉语和日语的书面语中第三人称代词使用频率

根据《汉语词汇的统计与分析》(北京语言学院语言教学研究所,1985:1—44),汉语的书面语中第三人称代词的使用频率是:“他”0.89%,“她”0.25% ,“它”0.23%。[①]

本次调查中,中国大学生的作文中第三人称代词的使用频率是:“他”0.88%,“她”0.23%,“它”0.00%。除去“它”之外,该结果与《汉语词汇的统计与分析》的结果是相对吻合的。与此相对照,日本大学生的作文中第三人称代词的使用频率是:“他”0.06%,“她”0.02% ,“它”0.00%。该结果与《汉语词汇的统计与分析》的结果相差很大。

日本大学生的母语(即日语)书面语中,第三人称代词的使用频率是多少呢?根据日本《現代雑誌九十種の用語用字》(国立国语研究所,1962:1—66)的调查结果,日语第三人称代词的使用频率分别为:「彼」0.17%,「彼女」0.10%。

汉语书面语中第三人称代词“他”的使用频率(0.89%)是日语「彼」(0.17%)的5倍,“她”的使用频率(0.25%)是日语「彼女」(0.10%)的2.5倍。日语第三人称代词的使用频率比汉语低,对日本大学生的影响不可忽视。

(二)汉语初级教材对日本大学生第三人称代词习得的影响

日本是使用单一语言(即日语)的岛国,日本汉语学习者日常生活中和汉语母语者的接触很少。在日本,汉语学习者主要在教室里通过教材学习汉语,教材对学习者的人称代词习得的影响很大。为了验证教材对大学生作文的影响,本研究对日本大学生使用的教材(共计两册)中第三人称代词的使用进行了分析。

首先,从教材中抽取第三人称代词的使用次数,计算在教材总词汇中的使用频率。参见表4。

表4　汉语教材中第三人称代词的使用频率

使用情况	第三人称			总词数/个
	他	她	它	
使用次数/次	32	13	0	5779
使用频率/%	0.55	0.22	0.00	

表4与《汉语词汇的统计与分析》结果比较发现,第三人称代词“她”的使用频率(0.22%)接近《汉语词汇的统计与分析》结果(0.25%),但是,第三人称代词“他”的使用频率(0.55%)只有《汉语词汇的统计与分析》结果(0.89%)的2/3。第三人称代词“它”的使用频率0.00%与《汉语词汇的统计与分析》结果(0.23%)相差很大。换言之,汉语初级教材中对第三人称代词的导入有不足之处。

其次,对第三人称代词在汉语教材中编排结构的部分进行分类。参见表5。

---

① 该统计是北京语言学院语言教学研究所在1985年对中国全日制十年制小学、中学和高中的《语文》课本(总词汇374,654个)进行的统计与分析。

表 5 汉语教材中第三人称代词的出现分类

教材结构		对话	语法例文	习题	合计
第三人称	他	0	13	19	32
	她	0	6	7	13

表 5 表明，教材中第三人称代词的使用仅限于语法例文和习题，在对话中没有使用。可见日本的汉语教材结构编排的偏颇对日本大学生作文中第三人称代词的使用频率影响较大。

(三)第三人称代词的回避使用

本次追加调查 2 的结果(表 3)表明，与中国大学生的使用相对照，日本大学生在指示爷爷、奶奶、爸爸、妈妈、老师等长辈时，有回避使用第三人称代词的现象。同样，日本大学生在指示哥哥、姐姐、弟弟、妹妹等亲属时，也有回避使用第三人称代词的现象。只有在指示男朋友、女朋友时，才使用第三人称代词。

前文已经提及，日语中的第三人称的使用是有限制的，尤其是不可以指示长辈。母语(日语)的干扰对日本大学生的影响不可忽视。另外，从日语的第三人称的历史形成的过程也可以解释。尤其是「彼女」是明治以后受欧语的影响作为 she 的翻译语出现的。日语的第三人称代词「彼女」有专指"女朋友"的意思，从而，「彼」便有专指"男朋友"的意思。

另外，日语的第三人称代词「彼」是从古代日语的远称指示代词发展演变来的。因此，日语中的第三人称只有在对话双方都知道的前提下才能使用。否则不能使用。例如：

(3) 中文	日文
甲：张三回国了。	甲：张三さんが帰国した。
乙：张三是谁？	乙：张三って谁？
甲：他是我的男朋友。	* 甲：彼は私の恋人です。

说话人甲知道但是听话人乙不知道的"张三"，在日语中是不可以使用第三人称来指示的。然而，在汉语中，无论听话人乙知道不知道"张三"，说话人甲在前面提及了"张三"，就可以用第三人称代词"他"来指示。日本大学生在指示哥哥、姐姐、弟弟、妹妹等亲属时，回避使用第三人称代词与此有很大关联。总之，母语(日语)的干扰导致了日本大学生第三人称的回避使用现象不可忽视。

三、结语

汉语和日语在第三人称代词的使用上迥然不同。因此汉语第三人称代词的习得对日本学生来说是个难点。本文考察了汉语学习的初级阶段日本大学生的汉语第三人称代词的习得。

通过分析日本大学生的汉语作文发现，作文中汉语第三人称代词的使用频率非常低。通过比较中国的《汉语词汇的统计与分析》和日本的《現代雜誌九十種の用語用字》，发现日语第三人称代词的使用频率比汉语第三人称的使用频率低。日本学生在汉语习得过程中普遍存在的第三人称代词使用频度极低现象，受到母语（日语）影响的可能性不可忽视。但是，通过分析日本的汉语初级教材中第三人称代词的使用状况，发现初级教材中的第三人称代词的导入不足，教材结构编排的偏颇对日本大学生第三人称代词使用影响的可能性非常大。

另外，通过两个追加调查发现，与中国大学生相比，日本大学生有回避使用第三人称代词的现象。通过比较汉语和日语在第三人称代词使用上的异同发现，与汉语第三人称不同的是日语中的第三人称不只是指示说话人和听话人以外的人，还有以下使用上的限制：不能用于指示长辈；专指女朋友、男朋友；日语中的第三人称只有在对话双方都知道的前提下才能使用等。因此，日本大学生的第三人称代词回避使用现象受到母语（日语）干扰的问题不可忽视。

综上所述，在日本的汉语教师应该从以上几个方面引导学生充分理解汉语和日语在第三人称代词使用上的异同，引导学生正确使用汉语的第三人称代词。但是，因为本次调查仅限于初学者的作文语料，还遗留了很多课题，有待今后做进一步的调查分析。

参考文献

北京语言学院语言教学研究所（1985）《汉语词汇的统计与分析》，北京：外语教学与研究出版社。
国立国语研究所（1962）『現代雜誌九十種の用語用字』，东京：秀英出版。
铃木孝夫（1973）『ことばと文化』，东京：岩波书店。
铃木孝明、白畑知彦（2012）『ことばの習得－母語習得と第二言語習得』，东京：黑潮出版。
三轮正（2000）『人称と敬語——言語倫理学的考察』，京都：人文书院。
三轮正（2005）『一人称二人称と対話』，京都：人文书院。
松本克己（2007）『世界言語のなかの日本語』，东京：三省堂。
松本克己（2010）『世界言語の人称代名詞とその系譜』，东京：三省堂。

（责任编辑：李东伟）

基于语料库的日本留学生“也”的习得考察及教学策略

李　琳

提　要　论文首先将“也”分为“类同、关联、语气”三大义类和九种句式，然后对初、中、高三个等级八个学期的日本留学生“也”的习得状况进行考察，统计各用法的使用频次和偏误率，确定“也”的各义项及句式的习得顺序，描述“也”的中介语状态，进而运用语言类型学理论、语言对比分析及偏误分析方法，探究影响“也”的习得的各种因素，最后对“也”的教学提出针对性的建议。

关键词　“也”；二语习得；日本留学生；教学策略

A Corpus Based Investigation of the Japanese-speaking Learners' Acquisition of “也”

Lin Li

Abstract　This paper analyses various factors which influence the Japanese-speaking learners' acquisition of “也” through an investigation of the data taken from an SLA corpus and a contrastive study between Chinese and Japanese. The acquisition sequence of “也”, and, on the basis of which, some advices on the teaching of “也” are given.

Key words　“也”, second language acquisition, Japanese students, instructional strategies

判别与归类是人类重要的认知方法，每种语言中都有表达这种认知功能的词语形式。“也”就是汉语中一个表达“类同”认知功能的语气副词。由于其使用的复杂，汉语本体对其研究的文章不少，如马真(1982)、崔希亮(1990)、毕永峨(1994)、吕叔湘(1999:595—597)、袁毓林(2004)、卢福波(1999)等。“也”是外国人习得时经常发生偏误的一个词，相关论文也不少，如陈小荷(1996)、李大忠(1996)、宋春阳等(2006)。但针对不同母语背景的习得者“也”的习得状

* 本文为上海对外经贸大学 2016 年通识课程建设项目“汉语国际教育通论”的成果之一。

【作者简介】李琳，女，上海对外经贸大学国际商务外语学院副教授，研究方向为二语习得、汉语作为二语的教学法。

态研究还不够丰富与深入。本文基于语料库对日本留学生汉语“也”的习得状态进行考察。

一、“也”的习得顺序考察

(一)“也”习得义项的确定

结合已有的研究,笔者将“也”的义项概括为三大类:表类同、表关联、表语气,其中表语气类又分成七小类。这样共有九种用法,为行文方便使用英文 S 加 1 至 9 个数字代表。即:S1【类同】;S2【关联】,“即使……也”;S3【委婉】,“……倒也罢了”;S4【强调】,“(连)……也”;S5“一(点儿)……也不……”;S6“什么(谁)/怎么也不……”;S7“从来也/再也不……”;S8“起码也……”;S9“也好……也好”。

通过检索《汉语二语习得语料库》[①]八个学期日本学生作文中“也”的使用,统计“也”的表语气用法的使用总频次、正确使用频次及比率。从而确定“也”的各个义项习得难度,预测习得顺序,并为偏误分析提供依据。

(二)“也”的使用频次

在 104 万字的语料中,日本学生共使用了 912 次“也”,其中正确使用 795 次。具体分布见表 1。

表 1　各学习阶段“也”的不同义项的正确使用频次

义项	时间频次								
	0.5F	1.0F	1.5F	2.0F	2.5F	3F	3.5F	4F	合计
S1【类同】	49	92	61	96	149	100	43	48	638
S2【关联】“即使……也”	0	0	1	4	3	2	1	1	12
S3【委婉】“……倒也罢了”	0	0	0	0	4	7	4	1	16
S4【强调】“(连)……也”	1	3	3	8	4	6	2	1	28
S5“一(点儿)……也不……”	3	2	4	10	9	5	7	0	40
S6“什么(谁)/怎么也不……”	2	4	1	13	14	9	3	2	48
S7“从来也/再也不……”	0	0	3	1	1	1	2	1	9
S8“起码也……”	0	0	1	0	0	0	0	0	1
S9“也好……也好”	0	0	1	0	2	0	0	0	3
合计	55	101	75	132	186	130	62	54	795

说明:(1)0.5 代表学习半年,1.0 代表学习一年,依次类推。(2)F 代表正确使用该项目的频次。

① 语料来自北京语言大学《汉语中介语语料库系统》,语料规模 104 余万字。

从表1可知，“类同”义使用次数比“关联”和“语气”用法高得多，总比例达638∶157。这反映了习得顺序先具体后抽象的规律，也说明“也”的“关联”和“语气”用法的难度明显高于“类同”的用法。

（三）“也”正确使用率及习得顺序

确定习得顺序的根据有两个：一是使用频率，频率高说明该语言项目比较常用，较早被习得。二语习得教学大纲词语项目各等级的确定也都依据了母语使用频率的统计。二是正确率，正确率越高，说明习得较早。

本研究采用正确使用相对频率法，即各用法在各阶段的正确使用频次/该阶段的全部用法的正确使用频次。该方法可以解决样本容量小、语料分布不均匀及等量随机抽样无法实施等问题，所得出的数据具有可比性。

表2 “也”不同义项的正确使用率 （单位：%）

义项	0.5R	1.0R	1.5R	2.0R	2.5R	3.0R	3.5R	4.0R	mean
S1	89.09	91.09	81.33	72.73	80.11	76.92	69.35	88.89	81.19
S6	3.64	3.96	1.33	9.85	7.53	6.92	4.84	3.70	5.22
S5	5.45	1.98	5.33	7.58	4.84	3.85	11.29	0.00	5.04
S4	1.82	2.97	4.00	6.06	2.15	4.62	3.23	1.85	3.34
S3	0.00	0.00	0.00	0.00	2.15	5.38	6.45	1.85	1.98
S7	0.00	0.00	4.00	0.76	0.54	0.77	3.23	1.85	1.39
S2	0.00	0.00	1.33	3.03	1.61	1.54	1.61	1.85	1.37
S9	0.00	0.00	1.33	0.00	1.08	0.00	0.00	0.00	0.30
S8	0.00	0.00	1.33	0.00	0.00	0.00	0.00	0.00	0.17

由表2可知，日本人“也”的习得先后顺序为：S1【类同】>S6“什么（谁）/怎么也不……”>S5“一（点儿）……也不……”>S4【强调】“（连）……也”>S3【委婉】“……倒也罢了”>S7“从来也/再也不……”>S2【关联】“即使……也”>S9“也好……也好”>S8“起码也……”。

二、“也”的习得偏误类型分析

我们分别考察了八个学期（半年为一个学期）日本留学生习得“也”的情况，发现有如下四类偏误类型。

(一)错序

(1)＊我第一次来北京的时候，我一点儿【也】不会说汉语。(半年)

(2)＊我不喜欢坐公共汽车，所以大学生的四年里一次【也】没坐公共汽车。(一年半)

当用"$N_{受}$＋ 一＋q 也不＋V"句式的时候，动作的受事($N_{受}$)已经是确定了的或者说是已知信息，应该放在动词谓语前，而"一＋q 也不＋V"则是个新信息，或者焦点，所以应该在句末(巴丹、张谊生，2012)。例(1)和例(2)句中的宾语"汉语""公共汽车"，都应放在"也"的前面。

日本学生常误把"也"放在时间或处所状语和主语之间。这种错误直到第七学期还存在，在前两个学期的习得语料中这类偏误出现最多。

(3)＊但是我什么【也】不知道中国的情况。(二年半)

"什么"和"也"组合在一起，可以表示任指，指示或指代任何的事物，动词谓语的受事往往要移到句首做话题或者做大主语。例(3)的偏误就在于都没有移动。

(二)误用(误代)

1.该用其他副词却误用了"也"。

(4)＊如果去中国的话，一定买自行车什么地方【也】骑去。(一年)

(5)＊人们都喜欢公园，还有有些活动的时候都在公园进行。(半年)

"也"强调两者的类同，而"都"强调"总括"，二者是有差别的。因此，例(4)中的"也"应换成"都"。例(5)"有些活动"只是部分活动的意思，因此不能使用表总括的"都"，而应使用表类同的"也"。

(6)＊我相信这个世界又有好人又有坏人。(一年)

"又……又……"格式表示增添，"也"表示两种情况存在类同。例(6)中"又……又……"要改成"也"。

(7)＊除了工作以外，到很多的地方【也】参观了。(一年)

"也"表示类同，"还"表示的是添加或动作的重复。例(7)只从句子本身看，意在添加，应用"还"。

(8)＊他的脑子转得快，什么【也】知道汉字的事。(两年半)

句子谓语为否定形式时，"什么"既可以与"也"组合，也可以与"都"组合，即"什么……也/都不……"；当谓语为肯定形式时，则只能用"都"，即"什么……都……"。因此例(8)中的"也"应该改为"都"。

2."也"后句法成分误用。

(9)＊不仅努力而且遇到机会【也】重要的事情。(两年半)

"也"的后面一般要有动词或形容词，不能是名词谓语。例(9)是误把名词用作谓语。

(10)＊去年九月份我来中国，那时候可能老百姓来看我好象娃娃(猩猩)，因为即使我

来过中国几次【也】我没生活过这么长的时间。(二年半)

“即使……也”构成一种让步关系，其语义表示“假设条件实现了，但结果也不改变”，“虽然/尽管……，但是……”表示已然两个事件的转折关系。例(10)就是混淆了这两种关系差别，造成了偏误。

(三)多余

多余类偏误指从文意上看不该用“也”却多用了“也”的情况，也包括类同对象重复的情况。如：

(11) * 他用很长年月写的书没有一个人【也】看不懂。(一年半)

(12) * 南岸的人没有一个【也】不知道他。(一年半)

例(11)和例(12)中的“也”都不该用，因为这里既没有“类同”的用法，也不必表示某种语气。

(13) * 我一个菜一点儿【也】不能读.没有办法.所以我随便选择了。(半年)

(14) * 我从来一次【也】没看过那么美丽的风景。(三年半)

“也不……”，前接“一……”或“什么”“从来”等词语加强否定的时候，不能几种形式叠加在一起使用。例(13)中“一个菜”和“一点儿”只留下一个就可以了。例(14)中“从来”和“一次”只留下一个就行了。这类多余就是“类同”对象的重复。

(15) * 中国的宽阔的国土【也】不说，还耳闻目睹各种新鲜事物。(一年半)

例(15)这种用法汉语中没有，但在日语中存在，表示当然的语气，这是直接套用了日语格式。

(四)遗漏

从上下文或语篇中，要求表达“类同”或某种语气时，日本留学生常遗漏“也”。

(16) * 有一种观点认为，人的相貌与的品格有某种联系，当人变得善良时，与之相应，外貌变得有很多微笑。(二年半)

(17) * 谁也没想到貌不惊人的他，听这胡说竟心里很乱。(三年)

例(16)和例(17)从上文中都可以推出，后句有表示类同语义或某种语气，所以都应该用“也”，这样才能使句子语义完整，表达更贴切、自然。

这类错误也指包括含“也”的一些固定格式(如“连……也”“即使……也”)的用法错误。

(18) * 即使在电视里，连想看【也】不想看。(一年半)

(19) * 来北京的时候，吃惊的打雷【也】现在的对我来说变化一个快乐。(两年)

介词“连”跟副词“都/也”前后呼应构成一种格式“连……都/也……”，即所谓“连”字句，其语义上最大的特点就是隐含比较，或者成为极性对比，也就是举出最极端的例子暗示其他不言而喻。如：小孩子——知道，大人——当然知道。一天学——没上过，其他知识——当然没有。

例(18)用“一眼”表示极端的程度更合适。例(19)因为举出“打雷”是一个极端的例子，应该加上“连”字，构成完整的“连”字句。

(20) * 好【也】、不好【也】，报纸的影响很大。(二年半)

汉语中没有“X‘也’，Y‘也’，……”格式，但在日语中存在，“も”表示任指。如果用汉语表达需要在“也”后加谓词“好/行/罢……”。例(20)偏误也是简单对译日语产生的遗漏谓词错误。

三、“也”与日语“も”的语义、语法比较及习得偏误成因

(一)“也”和“も”语义上的比较

《详解日汉辞典》(吴之荣，1999:1370)：“も(助)……⑥(表示超过预料的程度或达到一定的限度)竟，有，也。☆雨は三日～降りつづぃた。/竟连续下了三天雨。⑦表示加强语气。☆辛(から)く～のがれた。/好容易逃脱了。⑧用以表示部分、程度、阶段的区分。☆学者に～ぃろんなタイプがぁる/学者也有种种类型。⑨加在两个相同的单词之间，表示强调或表示首先肯定，然后一转。☆ぅそをつく彼～彼だ。/他居然撒谎。”

可以看出：日语“も”基本义也可以用“类同”来解释。汉语的“也”和日语“も”语义上的差别，主要还是在所谓表“加强语气”这部分。《详解日汉辞典》“も”①—⑤义项可以用“也”对译；但⑥—⑨义项不能简单或者完全与“也”对译，有的甚至根本无法对译。

(二)“也”和“も”的语法分布比较

1.“也”和“も”语法分布的相同点。

“也”和“も”一个共同的语法分布特征就是不出现在一个句子的句首。作为副助词的“も”，必须附加在其他词之后。更重要的是与汉语“也”一样，都必须位于类同的主体——属性名和类同的行为、性质——属性值之间。李大忠(1996:17—22)举了三个未注明习得者母语背景的“也”错置句首的偏误例子：

(21) * 他们不同意你的意见，也我的看法跟你不一样。(李)

(22) * 他们唱了一个，也我们唱了一个。(李)

(23) * 我过去在大学学习的时，很少用汉语写文章，后来在北京工作四年，也写文章的机会不多。(李)

而在本人检索统计的日本人 117 个偏误句中，未发现此类“也”位于句首的偏误；而在美国学生 341 句“也”字句语料中，偏误共有 9 次，其中“也”后缺少谓语动词句法偏误 5 次，误代类语义偏误 1 次，而位于句首类句法偏误 2 次，位于谓语形容词后句法偏误 1 次：

(24)＊因为很多东西消失了,【也】儿子唱的歌不好听,乡村人民觉得他们俩太麻烦(美国,一年)

(25)＊岱峰,你一定学习努力,【也】作工作的时候作很努力。(美国,一年)

(26)＊他爱人很整齐,细心【也】很。(美国,一年)

例(24)与例(25)应为受英语影响发生的将“也”错置于句首类的偏误;例(26)是将“也”放在做谓语中心词的形容词后的偏误。由此可知,错序类的偏误主要是源于英语的负迁移。

2.“也”和“も”语法分布的相异点。

日语副助词“も”可以直接附在时间词、处所词以及受事宾语等成分右侧。汉语的“也”则总是位于主语的右侧、谓语的左侧;至于“以前、明天”等时间词语,“也”既可以位于其左,亦可位于其右,但意义有所不同。比较:

(27)明日も私は来ます。

(27’)a.我明天也来。

b.＊明天也我来。

c.?明天我也来。

d.＊我也明天来。

例(27)日语这句话,汉语表达正确的形式和意思应是例(27’)a;而例(27’)b则是错误的表达形式,因为“也”位于主语“我”左侧;例(27’)c形式可以,但存在歧义,需通过重读“明天”才能明确“也”的辖域为“明天”或明确类同指称的对象;而例(27’)d形式虽然可以,但语义则与例(27)不同,即类同辖域或类同指称的对象不同。

可见,汉语“也”的位置首先决定于语法的强制要求,其次取决于“也”的语义表达,也就是辖域差异。日本人习得“也”的偏误,主要源自母语的负迁移。母语与目标语的语法、语义及语用差异的大小决定了偏误的类型和频次。

四、结论

“也”表“语气”或“关联”用法的习得难度高于表“类同”的习得难度;日本的学生“也”的偏误主要来自母语的负迁移。日语和英语母语背景的留学生共同的句法偏误是“也”后缺少谓语动词,语义和语用方面偏误出现多少主要决定于母语与作为目标语的汉语差异大小。

日本人“也”的习得先后顺序为:S1【类同】＞S6“什么(谁)/怎么也不……”＞S5“一(点儿)……也不”＞S4【强调】“(连)……也”＞S3【委婉】“……倒也罢了”＞S7“从来也/再也不……”＞S2【关联】“即使……也”＞S9“也好……也好”＞S8“起码也……”。

教学安排上“也”习得顺序可设计为:

第一学期:1.【类同】;2.一(点儿)……也不;

第二学期:3.什么(谁、怎么)……也不;4.【强调】(连)……也;5.【委婉】……倒也罢了;6.【关联】即使……也;

第三学期:7.从来也/再也不……;8.也好……也好;9.起码也……。

课堂讲解时,语法分布应重点解释哪些成分必须强制性地位于"也"前,哪些成分因表意的需要可位于"也"后;讲解和练习都要针对不同母语背景来进行,从而提高教学效果。

参考文献

巴　丹、张谊生(2012)"都"与"也"在任指句中的异同,《广西师范大学学报》(哲学社会科学版)第4期。

毕永峨(1994)"也"在三个话语平面上的体现:多义性或抽象性,胡壮麟译,见戴浩一、薛凤生主编《功能主义与汉语语法》,北京:北京语言学院出版社。

陈小荷(1996)跟副词"也"有关的偏误分析,《世界汉语教学》第2期。

崔希亮(1990)试论关联形式"连……也/都"的多重语言信息,《世界汉语教学》第3期。

李大忠(1996)《外国人学汉语语法偏误分析》,北京:北京语言文化大学出版社。

卢福波(1999)"也"的构句条件及其语用问题,《华东师范大学学报》(哲学社会科学版)第4期。

吕叔湘主编(1999)《现代汉语八百词》(增订本),北京:商务印书馆。

马　真(1982)说"也",《中国语文》第4期。

宋春阳、李　琳(2006)日本留学生"也"的习得偏误分析,见续三义主编《汉日语言对比研究》,北京:学苑出版社。

吴之荣(1999)《详解日汉辞典》,北京:北京出版社。

袁毓林(2004)"都、也"在"Wh+都/也+VP"中的语义贡献,《语言科学》第5期。

(责任编辑:张玉苹)

输入处理指导与汉语初级阶段语法教学

——以“就”和“才”的习得与教学为例*

刘爱群

提　要　“就”和“才”是初级阶段语法习得与教学的难点之一。从认知策略角度看，学生倾向于先根据语义内容清晰的时间、数量等成分来获取句子的整体意义，这就导致他们忽略这对副词本身所含有的语法意义以及语序要求。为改变这种认知策略，本文提出在该语法项目的教学中尝试“输入处理指导”，并介绍具体步骤方法以及初步的调查结果。

关键词　“就”；“才”；输入处理指导；语法教学；习得

Processing Instruction and Basic Chinese Grammar Instruction —the Effects and Components on the Acquisition of Adverbs “就” and “才”

Aiqun Liu

Abstract　Chinese adverbs “就” and “才” are two of the most difficult items for learners at the beginning level. Learners at early stage tend to judge the whole sentence meaning by relying on the contextual words expressing time, quantity or others. This processing strategy, we argue, may cause learners to skip over the grammatical features of “就” or “才” themselves. We suggest it would be necessary to redesign the instructional syllabus concerning the instruction of “就” and “才”. “Processing Instruction” is an input-based explicit grammar instruction with an emphasis on changing learners' inappropriate input processing strategies. This paper discusses the relative effects of a quasi-experimental study of teaching

* 本调查为“‘输入处理指导’在汉语教学中的应用研究”的一部分，研究类别为基础研究(C)，课题代码：23520656。

【作者简介】刘爱群，女，日本北海道大学媒体研究院特任副教授，主要研究方向为作为第二语言的汉语习得以及教学法。

adverbs “就” and “才” on Chinese language teaching through “Processing Instruction”.

Key words “就”,“才”,processing instruction,grammar instruction,acquisition

一、二语习得理论与输入处理指导

众所周知,二语习得与教学作为应用语言学的一个分支,需要以教育学、心理学、语言学以及社会学等诸多学科的理论为支撑。开展汉语作为第二语言教学时,既要考虑语言形式的特点,还要遵循二语习得规律。桂诗春(2005:244—247)评介近年来的二语研究时提到,外语教学纷繁复杂,是一种面向意义的活动,是一个过程。近年来的二语习得研究也更加面向过程、面向课堂实践(周小兵,2002:140),比如提倡教学语法必须注重与心理学交叉,教学上要考虑学习者的习得过程和心理特点。因此,人们关注的焦点也越来越集中在教学手段如何能更有效地促进二语习得过程。比如,语言输入的内容、语言形式的特征如何引起学习者的注意;如何使语言输入内化并转变为输出(温晓虹,2012:51)。而这一过程能否顺利进行与二语知识的转化程度密切相关。

知识转化能否实现影响着二语习得过程的进展。温晓虹(2008:281)介绍说,现代认知心理学将知识区分为陈述性知识和程序性知识,前者也叫显性知识,是有关“是什么”的内容,靠记忆、理解来获取;后者也称为隐性知识,是有关“怎么”和“为什么”的内容,是对概念的理解、知识的转化,是实际运用中不可或缺的能力。而如何将陈述性知识转化为程序性知识,换言之,如何促使语言输入(input)成为语言吸收(intake),并使其成为学习者中介语系统的一部分,这一自动化过程的实现,正是语言习得与教学能否达到预期目的的关键之处。

认知主义的教学理念认为,教学是能够帮助促进这一转换的,适当的教学手段可以提供真实交际情景中运用语言知识的条件,让学习者可以有机会观察、证实和体验。对此,温晓虹(2008:282)强调,语言习得的过程性告诉我们,课堂教学不能只是讲解、告知,而应该提供更多的分析、对比、观察和假设的机会,要协助学习者进行过程性的习得。

输入处理指导正是主张教学语法须注重与心理学交叉,教学中考虑学习者的习得过程和心理特点的一种语法教学方法。其特征是,在教学中针对有待完善的输入处理策略,通过有一定交际内容的构造化练习,给学生提供更多的机会来分析、观察或检验假设,以辅助他们进行过程性的习得。

目前,传统的重输出(output)的教学方式在汉语教学中仍占很大比重。这种教学方法,一般多采用讲解、告知的方式,重视机械性重复、重视输出,“刺激—反应”“习惯形成”为其主要心理学依据。机械性重复等输出活动虽然便于操作,但课堂教学活动缺乏一定的“意义”,也不能更深地介入习得过程,难以从内部协助学习者建立或进一步完善中介语体系(VanPatten, Williams & Rott, 2004),基于对传统语法教学的反思,VanPatten(1996、2004)提出,在教学上可以尝试输入处理指导(processing instruction,简称 PI)。他认为,教学需要对学习者在处理输入时自然产生的不太完善的认知倾向对症下药。PI 的理念,主要针对过早进行输出练习的传统做法,主张在新规则导入后,首先增加输入的量,同时还要让输入练习更有针对性,在针对性的练习(focused practice)中促使学习者注意自身的输入处理策略,关注并处理那些易被忽视的重要语法特征。同时,练习要有交际性、要"有意义"。PI 理论称之为"构造化输入"。

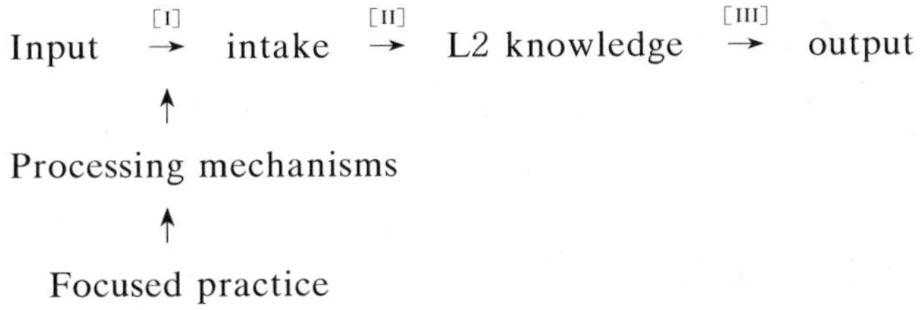

Input $\xrightarrow{[I]}$ intake $\xrightarrow{[II]}$ L2 knowledge $\xrightarrow{[III]}$ output

↑

Processing mechanisms

↑

Focused practice

图 1 Processing Instruction in foreign language teaching
(VanPatten & Cadierno, 1993a: 227)

通过以上介绍可以得知,PI 是重输入理解的语法教学方法,PI 从如何"学"(认知)着手,努力面向习得过程,利用有一定交际意义的针对性的练习,来解决二语内化过程中认知出现的一些问题(参见图 1)。围绕内化过程中认知出现的问题,VanPatten(1996、2004)从语言规则特点与认知策略相互影响的角度总结出输入处理策略(input processing strategies)理论,这里的"处理"是指对输入建立形式—意义联结,它与输入的内化过程有关。在这个过程中,学习者由于在认知上受到"注意"资源所限,某些目的语语言规则或信息不易得到完善处理,因而导致难以建立正确的形式—意义联结。VanPatten(1996、2004)将输入处理策略概括为几大类:偏重内容意义策略(content preference)、句首名词或代词策略(first noun strategy)以及句中所在位置影响策略(sentence location)。这几类当中,偏重内容意义策略最具代表性,它描述学习者在"处理"输入时,由于受短时记忆容量制约,他们的认知资源"注意"倾向先集中在对内容意思的理解上,因此,有些语法项目、语序、表示语法功能的虚词等语言形式往往未能得到充分"注意"(VanPatten,1996)。VanPatten(1996、2004)解释说,欧美语言的一些语言形式,除了表达语法功能的形式标记(如英语的过去时"-ed")以外,句中也常会出现其他表示类似内容意义的词汇(如"上周""以前")。即时处理时,学习者很容易忽略"-ed"类的语言形式,会自然地优先处理信息价值高的"以前"一类的"大词"。针对这种输入处理策略,PI 可以在"有意义(meaningful)"的构造化练习中,用去掉"大词"的方法,迫使学习者不得不注意句中表示语法功能的形式标记,从而帮助他们进行建立形式—意义联结的学习。

PI 在西班牙语、法语、意大利语等二语教学中都有所尝试(VanPatten & Cadierno,1993a、1993b; Farley, 2001、2004a、2004b、2005; VanPatten & Wong, 2004; Wong, 2004; Benati, 2001、2004a、2004b),这些研究都证明了 PI 有一定优势。在汉语教学方面,刘爱群(2009a、2009b)曾对否定副词"不"和"没(有)"、"一点儿"和"有点儿"的习得与教学进行过尝试,调查结果也表明,针对传统的重视句型操练、会话造句等输出练习的教学方法,在一定时间内,PI

在输出方面毫不逊色，而对输入的理解方面则更有优势。

二、"就"与"才"的习得

"就"和"才"是一对表示"主观量"（陈小荷 1994：18—24）的常用多义项副词，分别表示动作行为实现得早或者晚、快或者慢。一般来说，两者都可以表达时空、数量、逻辑等关系，语义所指位置常有变化，两者有时反义，有时近义，用法复杂。这对副词从初级阶段开始就是语法教学的基本语言点，对日本学生来说，也是难掌握、偏误率较高的语言项目。

围绕"就"和"才"的习得，早期的研究如吕才桢等（1986）、冈部谦治（1990）、程美珍（1997）等等，多集中在对偏误外部表现形式的分类描述上，具有代表性的即是病句分析。近年来，这对语言项目也仍然是习得研究考察的焦点之一（高霞，2004；苑艳艳，2008；黄露阳，2008；张全生、何真，2011；王婧，2012），这些研究跨越语内、语际、认知以及教学等多层次多角度。

对上述这些研究，刘爱群（2015）指出，对认知难度的讨论，还需突破汉语本身规则的复杂性所提出的观点，建议拓宽视角，针对学习者如何处理"就"和"才"形式—意义的关系，即从"学"的角度进行观察分析。刘爱群（2015）以非汉语环境下初级阶段的 296 名日本大学生为对象，通过教学环节中的多次测试结果，观察他们在刚开始接触"就"和"才"的一定时间内如何处理、使用这对副词。初步调查结果表明，初级阶段的学生对这两个副词的习得也存在着误代混用、遗漏、错序等常见问题。对调查结果，文章也分别从语言规则的复杂性、中介语规则的过度泛化、母语的负迁移、其他外语学习经验的影响、回避以及偏重内容意义的认知策略、教学上的局限性等角度进行了讨论。

表 1 "就"与"才"偏误举例

分类	用例	
误代混用	*我打听何遍就明白了。	"就"误代"才"
错序	*听了才很多遍，明白了。 *我才听多遍，听得明白。	
回避或遗漏	*我们去买东西，后下课。 *初中以来，我对中国十分感兴趣。 *走十分钟，你到了。 啊，明白了。	未用"就" 未用"就" 未用"就" 未用"才"
"大词"替代	*走十分钟，快到。 *你走十分钟，然后你到。 *听，终于明白。	"快"替代"就" "然后"替代"就" "终于"替代"才"

表 1 是从原文（刘爱群，2015）中抽取的几个例子。从表 1 可以发现，很多学生倾向使用结

构简单或信息交际价值高的词语结构来替代“就”或“才”。比如，“＊走十分钟，快到。（正：走十分钟就到。）”“＊听，终于明白。（正：我听了很多遍，才明白。）”这类偏误的成因，不妨尝试从语言形式的特征与认知处理方式的角度分析推测（见表 2）。

表 2 “就”与“才”的语言形式特征与输入处理策略

语言形式特征	输入处理策略
1. 是一对表示主观量副词，分别表示动作行为实现得早或者晚、快或者慢。 2. 句中常伴随时间、数量、动量等成分。随之而来，“就”和“才”语言形式本身相对于意义有所剩余，成为羡余成分。 3. 是教学也是学生习得的难点之一，学生的中介语中常会出现错序、回避不用等情况。	“偏重内容意义”策略中的“词汇内容意义优先原则（lexical preference principle）”（VanPatten，2004：14），学习者倾向依赖内容意义清晰交际价值高的“大词”来获取句子的整体意义，这就会造成句中表示主观量的语言形式“就”和“才”，其羡余的语法意义或语序上的要求很可能得不到完善的处理。

根据表 2 的归纳，我们从认知策略角度推测，由于学习者在处理输入时倾向使用“偏重内容意义”策略，会先从语义内容清晰的时间、数量、动量等成分来获取句子的整体内容意义，从而导致容易忽略“就”和“才”本身所含有的语法意义以及对语序的要求。针对这种认知策略，我们提出，在练习中迫使学生注意“就”和“才”所表达的意思以及语序上的制约，从而帮助他们更好地建立形式—意义的联结。在这方面，输入处理指导 PI 会有用武之地。

三、输入处理指导在“就”与“才”教学中的尝试

（一）调查目的

输入处理指导 PI 的教学理念面向习得过程，旨在帮助学习者建立形式—意义联结，与传统的重视句型操练、翻译会话等输出练习的语法教学（traditional instruction，简称 TI）相比，是否有同样或更好的教学效果？另外，以“就”和“才”为例，其语言规则的复杂性是否会对教学效果产生一定的影响？

（二）方法步骤

调查对象为非汉语环境下初级阶段的日本大学生。一班为 PI 试验组（26 人），另一班为 TI 对照组（25 人）。两组为一年级下半学期的两个自然班（理科班），学习汉语时间完全相同（约 70 小时），调查者为两个班的任课教师。汉语为初级水平，属于第二外语，一周两课时，每课时 90 分钟。

调查基本沿袭 PI 研究的常规做法(表 3),具体操作流程大致按照表 3 进行。因为调查要探讨教学方法的介入与教学效果之间是否存在着相关,所以采用准实验的做法:针对不同组别的学习者,利用测试并分别进行不同的教学介入,比较 PI 或 TI 不同条件下学习效果。调查结果的考察利用数据分析采用量化研究的手法。调查时间跨度约为两周。

表 3　PI 研究的基本设计流程(参照 Benati,2004a: 75)

<table>
<tr><td rowspan="3">前测</td><td rowspan="3">任意分组</td><td>试验组 PI</td><td rowspan="2">教学介入</td><td>主要进行促使学习者对输入进行处理的练习
・明确的语法说明
・有关“输入处理策略”的提示
・构造化输入练习</td><td rowspan="3">后测</td></tr>
<tr><td>对照组 TI</td><td>主要进行输出练习
・明确的语法说明
・口头替换练习等以输出为主的练习</td></tr>
<tr><td>控制组</td><td colspan="2">对相关语言项目不做特别指导,只参加测试
(注:本调查没有控制组)</td></tr>
</table>

(三)教学内容

根据 VanPatten(1996)以及 Lee & VanPatten(1995、2003),PI 的“构造化输入”主要包括“参照性练习”和“参与性练习”。参照性练习目的在于促使学习者对语言形式赋予相关意义。比如以下的例 1 和例 2,目的是让学习者在具体语境中判断对比“才”与“就”所表达意义的不同,以及在语序上的要求。

例 1:PI 的参照性练习(referential activities)

确认书的价钱。

1. 听对话并填空。

A:这本书多少钱?

B:1500 日元。

A:(才 1500 日元)!

B:1500 日元(才买一本书)。

2. 对话中 A 和 B 觉得价钱怎么样?请判断下面的说法是否正确。

(　)A:1500 日元很便宜。

(　)B:1500 日元很便宜。

说明　请注意“才”的语序。“才”可以出现在数量词语前也可以出现在数量词语后。
“才”在什么地方表示“程度高”,又在什么地方表示“数量少”?
大家想想 A 和 B 是怎么回答的。
(注:指示说明部分原为日语,以下其他两例同样。)

例 2 :PI 的参照性练习(referential activities)

询问迟到的原因。
1.听对话并填空。
　　A：你怎么晚了？
　　B：现在(才下课)。
　　A：哦,是吗？

2.B 为什么迟到？请听下面的回答,并选择正确的答案。
　　(1)现在(才下课。)
　　(2)现在(就下课。)

另一种是具有一定交际性的参与性练习,在这类练习中学习者可以交流信息或表情达意(Lee & VanPatten,2003：144)。如例 3,练习主要从听读理解入手,设计了对学校生活表达意见看法的语境。同例 2 相同,练习中特意先不出现内容意义清晰、交际价值高的"大词",用意在于迫使学习者将注意资源集中在对"才"或"就"的理解上。而之后要求学习者表达所思所想,选择自己观点看法的部分,目的在于增加练习的交际性、要有意义,也在于尽量减少乏味简单的机械性重复。

例 3:PI 的参与性练习(affective activities)

听后完成句子。
我们八点三刻(就)上课(了)。
1.说话人想要说的是哪一个？请选择正确内容。

　　(1) 八点三刻很早。　(　)
　　(2) 八点三刻不早。　(　)

2.你怎么想呢？请选择你想说的句子。
　　(1)我们八点三刻才上课。(　)
　　(2)我们八点三刻就上课了。(　)

TI 对照组的教学方式,只是练习的方式不同。参照其他 PI 研究的做法,TI 组的语法教学多为重视输出句型替换操练(参看表 3)。教学中,先对这对副词做了明确的语法说明。然后在练习时利用课文中出现过的句子,让学生日译汉,比如,"他听了很多遍才明白。""他六点就起床了,他十点才起床。""这本书才一千日元。"之类的句子。除此之外,打乱顺序让学生重新排序,比如:"报告才写了一半儿。""我才喝了一杯咖啡。"两组教学时间基本相同。

（四）测试内容

表 4　测试形式和内容

选择	他六点 就/才 起床了。
排序	克拉克的像才做了一半儿。
日译汉	我听了很多遍才明白。
填空	你要是想去，（就）帮我做。

测试（参看表 4）分两次：教学介入实施之前的前测，一周后进行的后测。这两次都为常规课堂教学中使用的小测验。由于测试中除了关联项目以外还有其他教学内容，所以测试的时间、内容和题目的数量都非常有限。测试形式为常用的选择、排序、翻译和填空。理解类的题目要少于输出类题目。此外，"就"和"才"为初学项目，所以前测中未出现相关内容，利用前测是为了确认两组是否处于同一习得水平。

（五）初步结果及讨论

图 2 和表 5 为调查的初步结果。为便于分析，原始分数换算为百分制。根据平时的观察，PI 试验组与 TI 对照组相比，总体上学习成绩要稍低一些，但从前测结果看，两组间不存在统计学意义上的差距。后测的平均得分，TI 组为 77.6，虽略高于 PI 组的 74.4，但查 t 值可判断两组间也不存在统计学意义上的差距。这个初步结果，回答了调查当初要探明的两个问题。重视输入、面向习得过程致力于帮助学习者建立形式—意义联结的输入处理指导 PI，与重视输出、重视句型操练翻译会话等传统的语法教学 TI 相比，具有同样的教学效果。

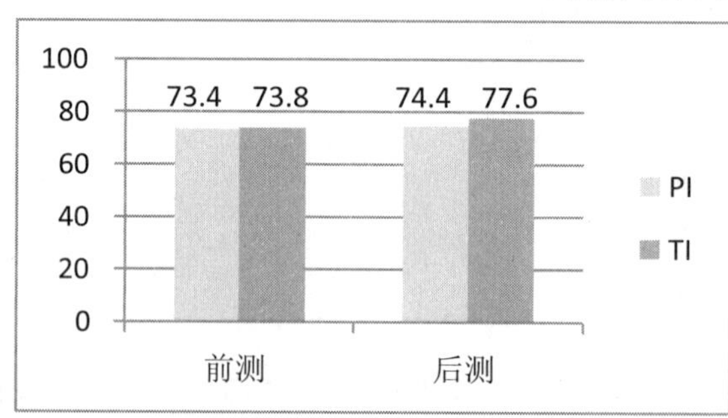

图 2　"就"与"才"前测后测得分（100%）

表 5　"就"与"才"前测后测结果

	PI（N＝26）		TI（N＝25）			
	Mean	SD	Mean	SD	t	p
前测	73.4	2.20	73.8	2.55	0.47	＞0.10
后测	74.4	4.74	77.6	2.00	0.31	＞0.10

而对于第二个疑问"语言规则的复杂性能否对教学效果产生一定的影响",从调查的初步结果看到,两组的后测结果并不十分令人满意,还有一部分学习者并没能很好地掌握这对副词,仍然出现一些常见的偏误。我们考虑,语言规则的复杂性对教学效果有一定影响。Farley(2004a、2004b)也讨论过:规律性强、好把握的规则,PI 指导的效果似乎更明显;而规律性不好把握、需要单独处理大量记忆的规则,指导效果就会存在一些局限性。如前文提到,"就"和"才"属多义项副词,两者都可表达时空、数量、逻辑等关系,用法相当复杂;句中常与这对副词共现的时量或数量等结构,对日本学生来说也是较难掌握的语言结构之一。这些因素,无疑都增加了"就"和"才"习得的难度。另外,本调查是在正常的课堂教学中进行的,由于教学整体进度的要求,同一课中除了"就"和"才"以外,还需重点教授"被"字句、意义上的被动句等重点语言结构,对这对副词的讲解练习也就非常有限。规则复杂、内容繁多,无疑对教师、学生都极具挑战性。

抛开语言规则的复杂性以及教学安排的制约,虽然 PI 也有一定的局限性,但调查的初步结果再次说明了这个教学理念也可以应用于与欧美语言不同的汉语二语教学。虽只进行了输入活动,同 TI 一样,PI 也能达到同等程度的教学效果。根据观察,在实际教学过程中,特别是在做参照性与参与性练习时,PI 组表现得更加积极投入。可见,构造化输入练习内容有意义并具有一定趣味性,但更重要的是,构造化输入在练习中提示学习者优先去"注意"什么、"处理"什么,并且在练习中协助学习者去找寻更加合理、更加有效的处理方式。

本文介绍的是一个准试验调查。这个调查以接受不同指导的两个自然班的日本大学汉语学习者为对象,考察输入处理指导 PI 在非汉语环境下初级阶段汉语教学中的应用。调查结果启示我们,课堂中的语法教学,除了讲述语法规则之外,从习得过程着手也能有效促进中介语系统的构筑或再构筑,这也是 PI 指导或其他语法教学所应达到的效果之一。我们知道,根据不同的课程设置、学习进程、目的,以及针对习得过程本身的诸多环节,一些教学理念各有长短,或注重输入理解,或注重二语语言知识内化,或强调输出运用,或主张要增加互动。在实践中,我们也应尽可能地根据实际情况采取相应的对策,比如:这样的讲解和练习能让学生真正掌握多少?对某个具体的语言项目或习得问题,使用什么样的方法才能获得事半功倍效果?本调查的结果希望能对这些疑问有所启示。

本调查由于课程进度安排、学习者掌握的词汇、语言项目等诸多限制,远未做到全面科学,需要完善的地方还很多。调查的数据分析还需做更加严密的统计处理,对学习者的练习过程、测试中具体的答题内容等,除了量化分析以外,还需要针对个案做详细的质化考察。此外,调查的讨论仅限于某个语言项目、某个习得过程中出现的某个细小问题,讨论的视野还有待向宏观方向拓展。不需赘言,这些都是今后要完成的课题。

参考文献

陈小荷(1994) 主观量问题初探——兼谈"就""才""都",《世界汉语教学》第 4 期。

程美珍(1997)《汉语病句辨析九百例》,北京:华语教学出版社。

高　霞(2004) 英语国家学生副词"就"的偏误分析,《楚雄师范学院学报》第2期。

桂诗春(2005) 外语教学的认知基础,《外语教学与研究》第4期。

黄露阳(2008) 外国留学生副词"就"的偏误分析,《广西民族大学学报》(哲学社会科学版)第6期。

王　婧(2012) 中亚留学生副词"才"和"就"的偏误分析,《现代语文》(语言研究版)第12期。

温晓虹(2008)《汉语作为外语的习得研究——理论基础与课堂实践》,北京:北京大学出版社。

温晓虹(2012)《汉语作为第二语言的习得与教学》,北京:北京大学出版社。

苑艳艳(2008) "一……就……"格式的偏误分析及教学策略,《云南师范大学学报》(对外汉语教学与研究版)第5期。

张全生、何　真(2011) 中亚留学生汉语副词"才"和"就"的偏误分析,《语文学刊》第10期。

周小兵(2002) 汉语第二语言教学语法的特点,《中山大学学报》(社会科学版)第6期。

Benati, A. (2001). A comparative study of the effects of processing instruction and output-based instruction on the acquisition of the Italian future tense. *Language Teaching Research*, 5, 95-127.

Benati, A. (2004a). The effects of processing instruction and its components on the acquisition of gender agreement in Italian. *Language Awearness*, 13-2, 67-80.

Benati, A. (2004b). The effects of structured input activities and explicit information on the acquisition of the Italian future tense. In VanPatten, B. (Ed.), *Processing Instruction: Theory, Research, and Commentary*, 207-225. Mahwah, New Jersey: Lawrence Erlbaum.

Farley, A. (2001). Authentic processing instruction and the Spanish subjunctive. *Hispania*, 84: 289-299.

Farley, A. (2004a). The relative effects of processing instruction and meaning-based output instruction. In VanPatten, B. (Ed.), *Processing Instruction: Theory, Research, and Commentary*, 143-168.

Farley, A. (2004b). Processing instruction and the Spanish subjunctive: Is explicit information needed?. In VanPatten, B. (Ed.), *Processing Instruction: Theory, Research, and Commentary*, 227-239. Mahwah, New Jersey: Lawrence Erlbaum.

Farley, A. (2005). *Structured Input: Grammar Instruction for the Acquisition-oriented Classroom*. New York: McGraw-Hill.

Lee, J. F. & VanPatten, B. (1995). *Making Communicative Language Teaching Happen*. New York: McGraw-Hill.

Lee, J. F. & VanPatten, B. (2003). *Making Communicative Language Teaching Happen*, Second Edition. New York: McGraw-Hill.

VanPatten, B. & Cadierno, T. (1993a). Explicit instruction and input processing. *Studies in Second Language Acquisition*, 15: 225-243.

VanPatten, B.& Cadierno, T. (1993b). Input processing and second language acquisition. *Modern Language Journal*, 77: 45-57.

VanPatten, B. (1996). *Input Processing and Grammar Instruction in Second Language Acquisition*. Norwood, New Jersey: Ablex.

VanPatten, B. (2004). *Processing Instruction: Theory, Research, and Commentary*. Mahwah, New Jersey: Lawrence Erlbaum.

VanPatten, B., Williams, J. & Rott, S. (2004). Form meaning connections in SLA. In VanPatten, B., Williams, J., Rott, S. & Overstreet, M. (Eds.), *Form-meaning Connections in Second Language Acquisi-*

tion. 1－28. Mahwah，New Jersey：Lawrence Erlbaum.

VanPatten，B. & Wong，W.（2004）. Processing instruction and the French causative：another replication. In VanPatten，B.（Ed.），*Processing Instruction*：*Theory*，*Research*，*and Commentary*，97－118. Mahwah，New Jersey：Lawrence Erlbaum.

Wong，W.（2004）. Processing instruction in French：The roles of explicit information and structured input. In VanPatten，B.（Ed.），*Processing Instruction*：*Theory*，*Research*，*and Commentary*，187－206. Mahwah，New Jersey：Lawrence Erlbaum.

冈部谦治（1990）『この中国語はなぜ誤りか』，光生馆。

长井裕子、金昌吉（2011）『北海道大学中国語 I・II』，好文出版。

刘爱群（2009a）中国語否定副詞の習得過程における「インプット処理指導」の介入，『立命館言語文化研究』21巻2号151－168。

刘爱群（2009b）インプット処理指導を中国語の文法指導に導入した実践的研究——"有点儿"と"一点儿"の習得をめぐって，『立命館高等教育研究』第9号，211－228。

刘爱群（2015）「才」と「就」の習得に関する考察——誤用分析の観点から，『メディア・コミュニケーション研究』，第68号79－93。

吕才桢、戴惠本、贾永芬（1986）『日本人の誤りやすい中国語表現300例』，光生馆。

（责任编辑：刘晶晶）

浅谈日本的中文水平测试
——以 2016 年度 4 级、3 级考题为例

史彤岚

提　要　中国语检定考试作为日本国内影响最大的汉语水平测试，它的考题有怎样的特点？还存在着哪些问题？对日本的中文教学有着怎样的影响？和 HSK 相比，中国语检定考试具有什么样的优势与劣势？本文以 2016 年度 4 级、3 级考题为例，探讨以上这些问题。

关键词　日本中国语检定考试（中检）；4 级；3 级；HSK

On Chinese Language Proficiency Test in Japan: Focusing on the Level 4 and Level 3 Exam Questions of FY 2016

Tonglan Shi

Abstract　As the most influential Chinese proficiency test in Japan, what are the characteristics of Zhongjian's exam questions? What kind of problems are there? What are the influences on the Chinese education in Japan? What are the advantages and disadvantages of Zhongjian as compared to HSK? This paper focuses on the level 4 and level 3 exam questions of FY 2016 and discusses the above problems.

Key words　Chinese Language Proficiency Test (Zhongjian), level 2(4ji), level 3(3ji), HSK

〇、引言

随着中日经济和文化交流的日益频繁，尤其是近年来赴日观光的中国游客骤增，日本对会汉语、了解中国文化的人才需求不断增加。相应地，汉语资格认证也越来越受到社会的认可和

【作者简介】史彤岚，女，日本龙谷大学国际学部教授。研究方向为现代汉语语法、对日汉语教学。

重视，大学生、公司职员可以凭借汉语资格增加就业、升迁的机会。因此，对于很多在校学习汉语的大学生来说，考取汉语资格证书便成为许多学生的学习目标之一。

日本中国语检定考试(https://www.chuken.gr.jp)(简称“中检”)，已有36年的历史，是目前日本国内中文水平最权威、影响最大的测试，考生累计人数已超百万，最多时一年达6万人(2012年度)。中检分6个水平等级，依次为：准4级、4级、3级、2级、准1级、1级。其中，4级的认定标准为一般在大学作为二外学习一年后的水平，3级为学习两年后的水平。通过以上两个级别的考试也成为近年来各大学设定的汉语教学目标之一。这两个等级的报考人数每次都最多(2016年度总报考人数为37,941人，其中，4级为10,412人，3级为11,236人，共占比57%)(中检研究会，2017)。

作为日本国内影响最大的汉语水平测试，中检的考题有怎样的特点，存在哪些问题，对日本的中文教学有怎样的影响？和HSK相比，中检具有什么优势和劣势？本文以2016年度4级、3级考题(即第88次、第89次、第90次考题)为例，探讨以上问题。

一、日本中检概况

日本中国语检定考试始于1981年，自1998年起，每年举行三次(3月、6月和11月)。该中检考试协会实行评议员制度，评议员由全国各地的大学教员担任。除了日本全国各地，还在中国北京、上海、大连、深圳、香港、台北以及新加坡等地设有考点。

中检面向所有学习汉语的人，包括在日长大、学习的中国人。测试的形式为分等级分别出题，考生根据自己的汉语水平报考相应的等级，也可同时报考两个等级。报考费用为3000日元(准4级)至8500日元(1级)不等。考试时间分别为70分钟(准4级)、100分钟(4级、3级)和120分钟(2级以上)。

中检分听力和笔试两部分，分别设有合格分数线。听力内容听两遍，语速依据等级逐级加快。笔试内容大体上包括拼音(声调)、词汇(虚词、常用实词、惯用语、歇后语、成语等)、句型、阅读理解和翻译，其中听力部分的听写题、看拼音写汉字和翻译题需要考生笔答，其他均为选择题，填写答题卡。另外，准1级和1级有口试。

以下以2016年度中检试题为研究内容，对中检3级、4级试题进行分析。

二、日本中检3级、4级测试的认定标准、测试内容以及题型

日本中国语检定考试3级、4级在认定标准、测试内容等方面有所区别，以下将对二者进

行对比。

表1 日本中国语检定考试3级、4级认定标准、测试内容对照表①

中检级别	测试的认定标准	测试内容
4级	掌握汉语的基础知识 能听、说简单的汉语 汉语作为第二外语，在大学学习一年(120—200小时)	生词的意思 给汉字注拼音 看拼音写汉字 单句译成汉语、日语 听写
3级	掌握汉语的基础知识 能读、写简单的文章 能进行简单的日常会话 汉语作为第二外语，在大学学习两年(200—300小时)	生词的意思 给汉字注拼音 看拼音写汉字 复句译成汉语、日语 听写

通过比较我们发现，在所有的等级当中，4级和3级的认定标准、测试内容是最接近的，难度相差也最小。反映到具体的题型上，两个等级的题型也基本相同。另外，听力试题和笔试试题满分各100分，合格分数线(通常)分别为60/60分和65/65分，即3级较4级高5分。

(一)2016年度的3级、4级试题解析

1.听力部分的出题内容、倾向及特点。

4级和3级听力部分均为两道大题。4级的第一题为AB形式问答(10道小题)，3级的第一题为AB形式问答(5道小题)和ABA形式对话(5道小题)。第二题出题形式相同，均为根据长文对话以及长文的内容回答问题(各5道小题)。以下以2016年度4级、3级的三次考题(即第88次、第89次、第90次考题)为例进行简单的分析。

表2 2016年度4级三次考题出题内容表

	第一题 对话	第二题(1)长文对话	第二题(2)长文
第88次试题	饮食 学校生活 日常生活 邀请	关于假期的生活	关于两个中国留学生的日常生活
第89次试题	饮食 学校生活 日常生活 天气 交通 计划	去便利店买东西	关于两个大学同学的生活
第90次试题	饮食 学校生活 邀请 计划 许可	家庭成员介绍	一个中国大学生的暑假计划

① 中检研究会(2017),《中检4级问题集》,第153—154页。

(1)你学了多长时间汉语了？

①我学了十个月汉语了。　②我没有时间学汉语了。

③我要学十个月汉语。　④我下个月去学汉语。(89—1—4)

表 3　2016 年度 3 级三次考题出题内容表

	第一题 对话	第二题(1)长文对话	第二题(2)长文
第 88 次试题	饮食 日常生活 换钱 买火车票 计划 许可	机场接旅行团	日本留学生在北京的留学生活
第 89 次试题	饮食 感冒 兴趣爱好 问路 餐厅待客 询问理由 许可	邀请对方去爬富士山	一个公司职员学汉语的情况
第 90 次试题	日常生活 身体不适 询问原因/理由 邀请 计划 许可	关于一篇作文内容的对话	一个在城里打工的年轻人的生活

(2)你每天学汉语学多长时间？

①我昨天学了两个小时。　②我学一个半小时左右。

③我每天十点开始学习。　④我学过一年汉语。(89—1—4)

首先，4 级听力内容涉及的生活场景比较集中：主要为学校生活、日常生活，包括饮食、起居、交通、兴趣爱好等；询问对方的计划、邀请对方做某事、询问是否允许做某事的出题频率高。第二题，对话和短文的生活场景也均为家庭生活、学习(假期)生活、日常生活，根据其内容进行简单问答。

3 级听力难度加大(词汇量增加，语法知识增多，句子变长)同时，内容涉及的生活场景与 4 级也有不同，日常生活涉及的范围更广，包括饮食、买东西、唱歌、看电影、交通、兴趣爱好、感冒、身体不适等，同时还增加了简单的旅游汉语和商务汉语方面的内容。另外，除了询问对方的计划、邀请对方做某事、询问是否允许做某事以外，还增加了询问原因、理由的问题。

第二题，主要是邀请对方做某事，对留学生活、学汉语情况等日常生活的简单叙述。去机场接旅行团、关于进城打工的年轻人的生活，这两个话题属罕见。

其次，听力第二题的问题基本上都是疑问词疑问句。在备选答案的选用上，常选用容易造成混淆听力效果的备选项。例如，选用发音相近的词或词组：问句里有“吃”，选项里用“去”，还有“英语—音乐”“旅游—游泳”“是—十—四”等等；选用语义容易混淆的词，比如“上午—下午”“上个月—下个月”“咱们—你们”；改动主语，如“小王，你明天来吗？”“小王明天不来。”“你看过这个电影吗？”“她看过这个电影。”。另外，最大限度重复使用问句中出现的词语，以造成混淆听力的效果。如：

(3)你学了多长时间汉语了?

①我学了十个月汉语了。　②我没有时间学汉语了。

③我要学十个月汉语。　④我下个月去学汉语。(89—1—4)

2.笔试部分的出题内容、倾向及特点。

笔试部分的出题形式,4级和3级相同。具体如下:

表4　4级、3级笔试题的题型以及主要测试内容表

第一题 单词声调、拼音	第二题 句子选词填空	第三题 按日语的语义组句	第四题 阅读理解(选词填空和内容理解)	第五题 把日语的句子翻译成汉语
—	主要测试常用虚词的基本用法:副词、助动词、介词、量词、疑问词、语气词、连词等。	主要测试对汉语基本句型的基本语序的掌握。	—	主要测试汉语基本句型的掌握以及对中文汉字与日文汉字的异同的掌握。

在对日本学生的日常汉语教学过程当中,我们通常将学生受日语母语干扰显著的单词发音、语法点、汉字(写法)等作为教学重点,引导学生合理利用日语母语的正迁移的同时,排除母语的干扰,减少负迁移。平时进行笔试测验的时候,也会有针对性地考查学生对这一部分语法知识的掌握程度。中检试题也同样显示了这样的出题倾向及特点:4级、3级笔试部分着重测试在该学习阶段考生受日语母语干扰较大的单词发音、语法知识以及汉字的写法。例如,第一题的拼音声调部分,特别是第三题和第五题,主要测试考生对汉语基本句型基本语序的掌握,尤其是与日语语序不同的那一部分出题频率高,同时,对汉语基本句型的测试在笔试部分所占比重也较高,100分试卷中占40分。

第三题如:

(4)夏休みに彼は中国へ旅行に行くつもりです。

暑假他中国旅行去打算

①他暑假打算去旅游中国。　②暑假他打算去中国旅游。

③他打算去旅游中国暑假。　④暑假他打算旅游去中国。(4级,89—3—4)

(5)兄は私より10センチ背が高い。

哥哥我比 10 厘米高

①哥哥比我十厘米高。　②哥哥比我高十厘米。

③哥哥高比我十厘米。　④哥哥高我比十厘米。(3级,第89—3—3)

第五题日译中如:

(6)私は先生に質問を1つした。(4级,90—5—5)

我　老师　问题　1个 问了

(7)父は私にアメリカへ旅行に行かせてくれません。(3级,89—5—2)

我　美国　　旅行　不让去

3.存在的问题。

整体来看,2016年度4级、3级的听力试题内容和难度基本上与大学一、二年级教材相吻合,文章、句子长短适中。听力部分语速也适中。但依据教学经验,我们认为三次试题之间的难易度有失均衡。例如:听力部分4级第90次考题的短文为"一个中国大学生的暑假计划",题材本身虽不生疏,但文中长句子较多,不容易听懂的句子较多。3级第90次考题第二题为"关于一篇作文内容的对话"及短文"进城打工的年轻人的生活"题材均比较生疏,而且文中均出现了较多的生词。另外,3级第88次考题第二题的对话内容为"去机场接旅行团",已经超出大二教材的范围。

笔试题之间也存在难易度不均衡的现象。例如:在二年级的教材当中,可能补语通常只是简单介绍并举几个常用例练习应用,在3级试题当中不宜多次出现,否则就是超出了该阶段学生的语言知识范围。然而,第90次考题里共出现了三次:"想不起来""打不(到)车""买不到"。还有,"前面跑来了一个男孩子"类存现句通常出现二年级教材里,这一语法点在4级题中出现同样也超出了学生的学习范围。除此之外,有的备选项较难,有的备选项的考察点不明确。例如:

(8)你要是(　),就跟我们一起去吧。

①准备　②希望　③愿意　④打算(3级,90—2—6)

(9)在上海,上下班时间打(　)车。

①不行　②不到　③不好　④不去(3级,90—2—10)

以下为中检协会公布的考试结果数据:

表5　2016年度4级的三次考试简况表

	合格线(L/W)/分	平均分/分	考试人数/分	通过率/%
第88次考试	60/60	62/70	2516	55
第89次考试	60/60	62/64	2459	47
第90次考试	55/55	58/57	3908	55

表6　2016年度3级的三次考试简况表

	合格线(L/W)/分	平均分/分	考试人数/分	通过率/%
第88次考试	65/65	66/61	2962	36
第89次考试	65/65	66/66	2901	42
第90次考试	60/60	53/55	3748	24

首先,在合格分数线上,第90次考题的4级和3级均由通常的合格分数线下调了5分。其次,也是最突出的,4级和3级在通过率上均呈现上下波动较大的特点。其中,波动最大的

是 3 级的第 89 次和 90 次，竟达 18 个百分点。

通过率不稳定，前后出现较大的波动，其原因应该是复杂的，此处拟不全面考察，仅从考题来看，我们认为这跟考题之间难易度不均衡有着直接关系。上文当中我们指出了有的试题难度偏大，偏离了该等级的出题范围，对照以后我们发现，该次考试或者下调了合格分数线（4 级第 90 次考试），或者通过率下降（3 级第 88 次、90 次考试）。

4. 两点建议。

出现这样的结果主要原因在于中检协会还没有制定一个明确的出题大纲，各等级的出题范围还有待进一步进行细化。目前公开的只有表 1 所示的认定标准及测试内容，该标准和内容过于笼统，中检协会内部有必要在此基础上制定出具体的出题范围，例如 4 级的 500—1000 个常用词以及 3 级的 1000—2000 个常用词到底是哪些词，等等。这样便于出题者有据可循、有据可依，而不是仅凭经验或主观感觉出题，试题忽难忽易的现象将得到有效缓解。

关于这一点，侯仁锋（2015）就中检 3 级 64—72 次（即 2008 年 3 月—2010 年 11 月）试卷之间的稳定性做过统计分析，认为这九次试题“测试难度控制欠佳，大起大落”，并建议制定明确的考试大纲，设定确切的测试范围。可见，中检 4 级、3 级试卷之间的难度不稳定，并非 2016 年度的一次偶然。因此，为保证测试稳定，实现测试公平，制定明确的出题大纲，是中检协会的当务之急。

另外，听力部分，由于第二题仅听两段话，但需要回答 10 个问题（共 50 分），一旦出现考生比较生疏的题材，或者句子长不容易理解，新单词较多等情况，一段话听不懂将会出现 1/4（100 分满分）的分数拿不到的可能。上文提到的 3 级第 90 次考题第二题就属于这种情况，这是平均分过低或在下调合格分数线之后，考试通过率仍然大幅下降（由前一次的 42%降到 24%）的重要的原因之一。

同时，短文的听力问题基本上全是疑问词疑问句。这本身并没有什么不妥，但由于考生往往把注意力集中在相关的关键词上，对短文的内容是否真正理解了，有时未必测试得到。

关于上述两点，我们认为有必要适当地参考 HSK 听力试题的出题方法，多增加几个对话或短文，每个短文只设 1—2 个问题，问问题的方式灵活一些，例如：增加“男的主要是什么意思？”这样的问题，这样可以使得测试更全面、更公正。

四、中检与 HSK 以及今后的展望

和 HSK 相比，中检具有什么样的优势与劣势呢？汉语水平测试对日本的中文教学有着怎样的影响呢？

上文我们谈到，中检考试主要面向日本国内的中文学习者，出题的针对性比较强，笔试部分的主要测试对日本人来说难度大，包含大量因日语干扰比较容易混淆、需要反复练习才能掌

握的语法知识，再加上有日翻中、中翻日，其考试难度大于 HSK，即使 HSK 考过了 6 级，中检的 1 级也未必能通过(例如第 90 次考试第一次合格率 5.8%，面试合格率 83%)。

反过来，HSK 考题对日本学生来说，因为有一个得天独厚的优势——汉字，阅读部分和书写部分的一部分题相对来说偏易。我们以与中检 4 级、3 级水平相近的 HSK3 级、4 级为例：HSK3 级 2015 年度第一次试题，阅读的第 2 部分填空题(10 道题)，“她说话的(声音)多好听啊!”10 道题的备选项有 7 个是实词，尤其是名词——“街道”“地方”、形容词“旧”，跟日语形同义同或义近，所以对日本学生来说这类考题相对简单。书写的第 2 部分看拼音写汉字，“你知道世界上有多(shao)种动物吗?”，5 道题中有两道——“(回)答”“(明)白”——写法和日语完全相同，有两道——“多(少)”“一(共)”——语义不同但汉字写法相同，只有一道——“看(见)”——和日语“見”的写法不一样，因此这部分(50 分)对日本学生来说也偏容易。当然，HSK4 级的题型有所变化，但阅读的第 1 部分填空题(10 道题)，对日本考生来说同样是相对容易的。以 HSK4 级 2015 年度第一次试题为例，10 道题的备选项就有 5 个——空气、失望、入口、母亲、温度——跟日语形同义同或义近。

另外，中检考试与 HSK 还有一点不同，前者听力和笔试分别设有合格分数线，后者为听力、阅读、书写的总得分 180 分。

众所周知，近年来日本制定了观光立国的政策，赴日观光旅游的外国人剧增，其中，中国游客的增幅最大，贸易、制造业、旅游、交通、酒店、餐饮、百货零售等众多行业都开始需要会说汉语、懂中国文化的人才。在这种形势之下，很多选修汉语的大学生都希望将来能够抓住相关就业机会，中国语检定资格在日本社会的权威性得到进一步巩固。与此同时，HSK 资格的受重视程度也日益凸显，其报考人数 2011 年突破 10,000 人，2012 年猛增到 15,802 人，2013 年起超 20,000 人，之后仍持续增长，2015 年度达 23,426 人。[①] 为了满足需求，特意开设检定对策课程的大学也不少。如选修汉语的学生能够因此动机而增强学习的自主性和积极性，并且学到知识技能，中检考试能够在就业和工作时对学生有所帮助，将进一步推动日本学习者汉语学习的热潮。

参考文献

侯仁锋(2015) 试析日本汉语检定考试 3 级的稳定性，《中国语教育》第 13 期。

孔子学院总部/国家汉办等(2015)《中国語検定 HSK　過去問集　4 級 2015 年度版》，株式会社プリックス。

孔子学院总部/国家汉办等(2015)《中国語検定 HSK　過去問集　3 級 2015 年度版》，株式会社プリックス。

中检研究会(2017)《中检 4 级问题集》2017 年版，光生馆。

中检研究会(2017)《中检 3 级问题集》2017 年版，光生馆。

(责任编辑：刘文燕)

① 具体参见 http://www.hskj.jp。

学术用途汉语教学试析

祖人植

提　要　借鉴学术用途英语第二语言教学的研究成果，本文采用教学内容、教学方式、师生关系三层面的分析框架对学术用途汉语教学大纲涉及的诸要素做初步的梳理。本文还指出，"文白混用"现象是学术用途汉语教学的特点与难点之一。

关键词　学术用途英语；学术用途汉语；内容式教学；语域；文白混用

An Analysis of the Teaching of Chinese for Academic Purposes

Renzhi Zu

Abstract　Borrowing from the research and experiences of the teaching of English as a second language, this paper analyzes the form of the syllabus of teaching Chinese for academic purposes. In the last part, this paper discusses the phenomenon of "Code-mixing of Wenyan and Baihua", which is a special difficulty for second language learners of Chinese for academic purposes.

Key words　English for academic purposes, Chinese for academic purposes, content-based instruction, register, code-mixing of Wenyan and Baihua

〇、引言

20 世纪 60 年代末以来，特殊用途英语教学（ESP：English for specific purposes）以学术用途英语教学（EAP：English for academic purposes）为核心而逐步兴起，地位与作用日趋显

【作者简介】祖人植，男，北京大学对外汉语教育学院副教授，主要研究方向为普通语言学、汉语第二语言教学理论。

著。经过40余年的发展，EAP教学研究成果已蔚为大观，拥有自己的专业国际学术团体、多种专业学术刊物，并出版、发表了大量专业学术论著。这一教学思潮也同样深刻影响着我国的英语教学界。据不完全统计，从1980年至2014年，仅国内核心期刊上就发表了154篇以EAP为研究主题的学术论文（孙云波、冯婕，2014），而在一些院校的研究生英语教学中，EAP甚至已经取代了传统的通用式精读课。

对外汉语教学界应了解与深究这一发展动态，根据自身的需要，借鉴EAP的研究思路和理论框架，理出以“学术用途汉语”为中心的基本概念与理论框架，在此基础上对特殊目的汉语教学的性质、共核、教学模式等，一方面做宏观梳理，一方面做微观研究，并用来指导教学实践，尤其是应根据汉语语言特点探讨学术用途汉语教学的特点与难点。本文就是基于这种想法的初步尝试。

一、学术用途英语教学的基本思路与教学框架

EAP教学的发展由第二语言教学实践的真实需求所驱动，故此，它一开始就被视为ESP的基本内核与主要形式，其基本目的是：帮助英语二语学习者以英语为媒介语学习专业知识或从事专业研究。

发展初期，学者和教师主要以语言技能训练为中心定义EAP，并从两个角度对它进行内部区分。从使用目的着眼，可以分为学术目的EAP和职业目的EAP两类；从所包含语言知识的角度分析，又可分为一般学术用途服务的EGAP（English for general academic purposes）和为特殊学术用途服务的ESAP（English for specific academic purposes）。然而，由于一直没有跳出为具体课程而进行语言教学的框框，无论哪一类EAP通常都孤立地着眼于所开设的课程制定教学大纲，其内容条块分割相当僵硬，以至于专业术语和特定句式成为主轴。以至于我们很难分辨“工程英语”（学术目的）和“工程师英语”（职业目的）有何实质性的区别，“一般学术用途”和“特殊学术用途”更是难以截然分开。不过，无论哪一类EAP，都具有以下三个基本特征：课程为学习者的特定需求而设；教学法因特定学科、特定活动而定；教学大纲以特定语言知识、语言技能教学为中心。这三个基本特点把语言学习和具体需要连接起来，赋予了EAP教学源源不断向前发展的动力。

20世纪80年代，内容式教学（CBI：Content-based instruction）理论开始出现并逐步发展。作为一种既涉及二语技能训练又涉及专业知识传授的教学活动，EAP自然而然成为CBI关注的焦点，两者很自然地融合在一起。与EAP注重操作层面不同，CBI首先是一种教学理念和思路，其出发点是当代二语教学以用促学、用学一体的方法论：高效率的二语教学必须让语言真正作为一种交际工具来运转，并进而在掌握特定学科专业知识与培养特定语言技能之间达成平衡。在这种方法论指引下，CBI认为，根据学习者、教学目的的不同，EAP教学可呈

现为一种由强式到弱式的连续统:前者偏重学科内容的掌握,后者则偏重语言技能的训练。

CBI 的理念和思路丰富了 EAP 教学的内涵。CBI 的倡导者之一莫汉(Mohan,1986、2001)从语言功能的角度提出了"知识框架理论(knowledge framework)",他认为语言的使用首先是一种社会活动,是"知识(knowledge/theory)"和"行动(action/practice)"的综合体;因此,EAP 教学不应该仅仅是狭义的掌握语言知识、训练语言技能,还应该时时和学科内容、和特定语境之中的话语联系在一起,涵盖语言、认知、文化等多重因素;EAP 既是教学的内容与对象,也是学习者发挥主观能动性与创造性的天地。这种基于内容式教学的 EAP 具有五方面基本特征:(一)语言学习和语言的实际使用相融合;(二)以学科内容激发语言学习的真正动力,不为学习语言而学习语言;(三)教学和学习者的语言能力相适应,而这种语言能力和学习经验、认知水平、整体教学环境相关联;(四)语言教学在特定情境、真实话语中展开,不限于孤立的语句;(五)掌握学科内容的过程中,学习者的语言技能、认知能力、相关文化背景知识同步提高。

亚历山大(Alexander et al,2008)把上述观点总结为,可以从教学环境、教学内容、师生关系三个层面去分析、统合 EAP 所涉及的教学要素,以搭建教学框架。

教学环境层面,必须明确学习者的需求以及学习者的适应能力,以保证其能够完成以英语为媒介语言的学科学习;教学内容层面,以学术文本的导读、学术语言的运用为线索展开,在学习专业知识的同时掌握句法、话语、篇章等不同层次的语言知识,并了解保证这些语言知识得以正确使用的学术文化(主要是常识性背景知识);师生关系层面,平等与互动是主轴,它包括师生的互动与学生之间的互动,只有在平等的对话与探讨中,EAP 教学才能得到顺利实施并达成教学目的。

二、学术用途汉语内容式教学框架分析

尽管上述观点主要来自于英语 EAP 教学,但很明显,其基本思路与教学框架是具有普遍意义的,学术用途汉语教学所涉及的诸要素也可以依照这三个层面来加以梳理。

就当前国内的对外汉语教学而言,学术用途汉语教学大致可以分为两大类:语言培训类课程和专业知识传授类课程。前者主要包括:大部分高级水平的留学生语言课程,留学生大学预科语言课程;后者则更加广泛,所有针对非母语学生的汉语专业课程均可纳入其中。以内容式教学的观点观之,语言培训类课程属于弱式的学术用途汉语教学范畴,专业知识传授类课程属于强式的学术用途汉语教学范畴。

以下,我们以两门课程确定教学大纲为例,尝试对两类学术用途汉语教学课程所涉及的诸多要素做简要的归纳。

(一)语言培训类课程教学框架分析

2016—2017 学年，在确定为北京大学燕京学堂的国际学生开设的《高级汉语》的教学大纲时，我们进行了如下教学要素分析：

1. 教学环境分析。

此层面的要素主要有三：本课程和其他课程的关系；学生对课程的基本需求；学生对课程内容的适应能力。

和普通语言进修生不同，燕京学堂的其余课程虽然都属于中国学范畴，但都以英语为媒介语，本课程是唯一一门师生、生生之间以汉语为媒介语的课程，每周仅有 4 个学时，因此，基本毋须考虑和其他课程的配合。也正是因为专业课程全部使用英语为媒介语，学生把本课程看作是“娱乐”，缺乏统一的要求，课程的教学目标要在教师引导下达成共识。

因而，适应能力分析就成为最重要的因素。根据前期调查，学生虽然都具有在华语地区学习、生活两年以上的经历，其语言能力已经能较为自如地应付日常生活方面的交际需求，然而，他们使用汉语的“语言区域(domain)”却主要局限于日常生活，而且，由于信息时代提供的各种便利，即使是看新闻、讨论时事的场合，他们也更加倾向于使用母语或英语。这样一来，他们学术用途汉语的相关知识已经碎片化，只能从最基本的知识与技能开始，基于此，该课程把由点及面、使其原有知识与技能系统化作为教学重点与基本目标。

2. 教学内容分析。

学堂事先已经选择以《博雅汉语(飞翔篇 3)》作为课程的主干教材。该教材选文以报刊时文为主，学生可以由此接触汉语书面语体，并初步了解、掌握其用词、造句、语篇构成的一些基本特点。联系上述教学环境分析，我们把课程的主要教学活动划分为三个板块。

第一板块：快速阅读。以掌握全文话题、找出各个段落的主题句为主，主要涉及汉语语篇结构和阅读技巧训练。

第二板块：精读和全面理解。包括词语、句式、语篇、语域/语体等各个方面的难点，中心是帮助学生跨越语言障碍，使学生的思维方式由用母语理解汉语转向用汉语理解汉语。

第三板块：和每课内容联系在一起的背景性、常识性知识也是教学重点，可以以每课的主题为引导，进行思辨性的发言与讨论，尤其是中国文化、国情的相关知识。

3. 师生互动关系。

遵循当代第二语言教学以学生为中心、以师生互动为主轴的思路，并以前两个层次的分析为基础，我们把主要课堂活动确定为以下三类。

第一，词汇的联想与辨析。主要有两种方式，基于主题的联想与辨析，以意念和文化为中心；基于词汇意义，以同义词、近义词、反义词、词汇搭配等为中心。此外，大量的成语、惯用语还需要学生联系自己的母语、联系典故的来源来理解与使用。

第二，观点的提取与推论。以分组活动为主；依照任务式教学的模式展开。

第三，相关话题的发言与讨论。学生课前了解背景知识、写好提纲、完成小作文，据此作课堂发言，并提出讨论话题、主持课堂讨论。

（二）非母语学生的汉语专业课程教学框架分析

与语言培训类课程涉及教学要素相对较少不同，专业课程涉及的范围要广泛得多。

2012—2013学年，笔者为正在用汉语完成硕士学位论文或硕士学位教学设计的韩国梨花女子大学国际汉语教育专业硕士生开设了《论文写作指导与案例解析》课。该课程拟通过论文导读与技能训练，使学生在系统了解汉语学术论文写作知识的同时提高汉语写作水平，最终顺利完成学业。本课程既需要讲授学术论文写作各方面专业性知识，又需要针对性地进行各层次汉语语言技能训练，还需要了解一些相关的背景性常识、写作策略等等。

1．教学环境分析。

学生需求及与导师的配合。据前期调查，选修本课程的学生需求主要有二：语言技能方面，用正确、地道的汉语书面语言进行论文写作，重点为表述准确、行文规范；论文写作知识、研究策略方面，则希望教师能提供参考意见，以进一步完善思路与结构。由于导师的存在，本课程以满足第一方面需求为重点；至于第二方面，主要以论文写作知识为语言技能训练的引导与语境，如果触及学生研究策略与思路的修正，则应和导师配合。

学生的适应能力概观。选修本课程的韩国硕士生均毕业于中文系，并具有在中国高等院校攻读学位或长期进修的学术背景，入学后又较为系统地学习了汉语第二语言教学课程，在汉语学术论文的阅读和写作方面有了一定的素养，总体适应能力较好。根据学生之间的差别，可区分为学生主导型和教师指导型两类。

2．教学内容分析。

实现内容讲解和语言技能操练的一体化的起点是：引出论文写作内容讲解、语言技能训练的题材从何而来？现成题材有两类：专业学术论文和学生正在写作的文本。

和硕士学位论文各个部分写作相关的具有典型意义的专业论文文本是本课程的首选。我们把论文写作内容分为四大部分：引言（研究缘起、研究目的、研究方法）；文献综述；论点及其演绎与归纳；结论与综述。每一部分均挑选两篇在专业刊物或论文集中发表的学术论文，以此作为知识解说、语言技能操练的基础。

学生正在进行写作的论文或设计文本也很有教学价值，因为它既涉及教学内容的讲解，又完全切合学生在语言技能训练方面的需要。

从对以上两类文本的导读、解说与分析中，学生既能了解到学术论文写作的一般性知识，又能具有针对性地展开语言技能操练，掌握词语、句法、话语、篇章等不同层次的语言知识与技能，教师还能在此基础上适当地讲解一些关于学术论文的背景性常识。三者结合，为最终达成本课程的教学目标服务。

根据上述情况，最终把具体的教学活动切分为以下三板块。

第一板块：汉语学术论文的基本结构和论述方式。这一板块以内容讲授为主，其共通性很强，不会因为汉韩语言不同而有实质性的差异。

第二板块：专业术语和论文常用句式、套语。这一板块中，技能操练与内容讲授并行，主要包含词语和语块，结构和意义都相对简单。

第三板块：和论文写作相关的知识与技能，包括词语、用法、句式、语句连贯、语域/语体等方面。这一板块以写作技能的解说和操练为主，内容庞杂，有些方面目前尚缺乏深入的研究，少有可资应用的系统性研究成果。

3．师生互动关系。

为促进师生互动，我们设计了三类基本教学活动。

第一类活动为归纳常用词语、专用术语与套语。这一活动以学生为主，分组操作。学生正在完成的工作主要有三类：硕士论文；教材设计；教学辅助材料设计（主要包括教辅软件与教辅资料库建设）。我们根据所要完成的工作将学生分为三个学习小组，由他们根据自己的研究专题归纳相关的专用术语和套语。此外，教师也可根据需要提供相关的词汇（含构词法）、术语和套语，并对构成这些词语、语块的规则进行解说，学生则可以根据自己的需要，进行自适应性的选择与使用。

第二类活动为论文导读、讲解与讨论。这一活动主要按照任务式教学的工作程序进行。首先，由教师引导，结合有代表性章节的论文导读，讲解有关学术论文的写作知识，并布置相应的任务。其次，由学生分组阅读论文、归纳要点、发表意见、形成共识。再次，各组学生汇报本小组的任务完成情况以及基本观点。最后，师生共同总结，找出带有普遍性的学习难点并加以解决，并简要总结领悟与学到的东西。

第三类活动为个性化互动与反馈。在这一活动中，教师和学生互相交流。主要活动有两类：一是学生结对活动，题材相近的学生互相阅读论文，发表各自的意见，并就这些意见与教师交流，共同修改；二是师生互动，教师阅读学生写作文本后做出反馈——书面批改和提出修改意见相结合，学生可据此和教师进行个人交流。在这两类活动中，如果发现具有普遍性的难点可进行集体讲解、操练，但个性化的交流与反馈更为重要，因为这充分照顾到每个学生的研究课题、写作能力与个性特点。

三、余论：文白混用——学术用途汉语教学的难点与特点之一

在两类学术用途汉语教学中，我们都注意到，学生的语言学习难点与偏误中，来自于文言文词语、固定词组、句法结构、连贯方式的所占比例明显偏高；导致这些语言项目成为难点或偏误高发点的原因，固然与多重因素有关，然而，学生文言知识不足是根本。就语言系统的角度来看，文言和白话从某种程度上是各自独立的，两者混用并有机地结合起来构成流畅的学术汉

语语篇，已经超出了许多留学生的语言能力。

汉语书面语言悠久的历史传承在人类语言中是独一无二的，作为普通话语法规范的“典范的现代白话文著作”，其中来自文言文的词汇、句式、关联形式等占据相当的比例，并在书面语表达中起着重要的作用。这一特质在学术用途汉语的语域特征上则突出地体现为“文白混用”，而其中的文言成分与学生汉语学习阶段在“口语领先”的教学模式下掌握的现代汉语知识迥然不同，自然就成为了难点。例如，在《博雅汉语(飞翔篇 3)》2000 到 4000 字的课文中，平均每课需告知学生的文言用法就超过 50 处，该书前六课总计 33 个语言点中有 29 个来自文言成分。

一些学者已经注意到文言成分的使用同语体之间的关联性。如冯胜利(2010)、王培光(2012)在研究汉语语体的典雅度、正式度时指出，文言成分(文言词语、文言风格)对典雅度、正式度提高具有显著的影响。不过，这类研究成果目前还不够丰富，只能给我们启发，还不足以作为学术用途汉语教学的依据。

我们希望下一步能够在基于语料库的大数据分析之上详尽地对学术用途汉语中的“文白混合”现象加以描写，为教学实践提供坚实的理论基础。

参考文献

戴庆宁、吕　晔(2004) CBI 教学理念及其教学模式，《国外外语教学》第 4 期。

都建颖(2011) 以内容为依托的学术用途英语教学：概念、理论基础和实践模式，《中国 ESP 研究》第 1 期。

都建颖(2011)《以内容为依托的英语教学法》，武汉：华中科技大学出版社。

冯胜利(2010) 论语体的机制及其语法属性，《中国语文》第 5 期。

孙云波、冯　婕(2014) 近年来国内学术英语(EAP)研究述评，《昆明理工大学学报》(社会科学版)第 6 期。

王培光(2012) 语体与修辞语感，《当代修辞学》第 6 期。

Alexander, O., Argent, S. & Spencer, J. (2008). *EAP Essentials: A Teacher's Guide to Principles and Practice*. Reading: Garnet Education.

Hyland, K. (2006). *English for Academic Purposes: An Advanced Resource Book*. London: Routledge.

Mohan, B. (1986). *Language and Content*. MA: Addison-Wesley Publishing Company.

Mohan, B. (2001). The second language as a medium for learning. In B. Mohan, C. Leung & C. Davison (eds). *English as a Second Language in the Mainstream: Teaching, Learning and Identity*. Harlow: Pearson Education Ltd.

(责任编辑：刘文燕)

“翻转课堂”理念在新加坡中学华文教学中的应用

〔新加坡〕王　伟　〔新加坡〕陈国华

提　要　本文讨论了两个焦点问题：一、“翻转课堂”是如何应用在新加坡的中学华文教学中的？二、此教学法是否能提高新加坡华裔中学生的华语水平？理论部分探讨了“翻转课堂”的理念，然后针对新加坡中学生的华文水平，提出了适用于新加坡华文教学的翻转教学模式。教学实践部分以学生的表现为依据，分析了此模式的成效和面临的挑战。

关键词　“翻转课堂”；问题式教学法；新加坡中学华文教学

Application of Flipped Classroom Concept in the Teaching of Chinese Language in Singapore

〔Singapore〕Wei Wang & 〔Singapore〕Tan Kok Hua

Abstract　This study aimed to find out how the flipped classroom strategy is being used as a pedagogy in Chinese language lessons. It also examines whether the strategy could improve Chinese learners' proficiency in the Chinese language. This paper proposes how the flipped classroom strategy can be used in the Singapore context in the learning of Chinese language and discusses the strengths and challenges of the strategy based on the performance of students.

Key words　flipped Classroom, question-based teaching, Chinese teaching in secondary school in Singapore

---

【作者简介】王伟，女，新加坡籍，新加坡南洋理工大学语言学博士，武吉班让政府中学教师，主要研究方向为现代汉语词汇学、词汇语义学。

陈国华，男，新加坡籍，武吉班让政府中学母语部主任。

○、"翻转课堂"理念的兴起和意义

(一)"翻转课堂"的兴起

"翻转课堂"(flipped classroom)是一种新兴的教学模式,2007 年起源于美国。美国 Woodland Park High School 的两位化学老师 Jonathan Bergmann 与 Aaron Sams 为了解决学生缺课的情况,将预录的讲解影片上传网站,让学生在家自行上网浏览学习,然后利用课堂时间,以互动的方式来完成作业或是解决实验过程中遇到的困难。此后,"翻转课堂"得到可汗学院 (Khan Academy)创办人 Salman Khan 的大力推动。

"翻转课堂"需要学生在家中看老师或其他人准备的课程内容,到学校时,学生和老师一起完成作业,并且进行提问及讨论。这种教学模式不同于传统的教学模式。传统的教学模式顺序是:课程预习、课堂讲解、课后作业。而"翻转课堂"将学习模式调整为以学生为中心,学习顺序转变为:课前自学、课堂互动、课后延伸学习。自学形式包括:观看课堂教学录影、聆听课堂讲授录音 (podcast) 、精读电子书 (e-book) 内容以及线上合作学习等等。在翻转课堂模式中,学生需自己学习教材内容,并在课堂上充分展现自己所学;教师的角色则从知识的"教导者"转型为学习的"引导者"。

(二)"翻转课堂"的意义

Jon Bergmann,Jerry Overmyer 和 Brett Wilie (2011)年提出,成功的"翻转课堂"不仅是以影片取代教学以及在课堂上的师生互动。他们澄清了大众对"翻转课堂"的误解,强调"翻转课堂"不是线上影片的同义词,"翻转课堂"最重要的是师生面对面的时候进行有意义的互动与学习活动。他们认为"翻转课堂"的意义在于:(1)增加师生互动与个别接触的方法。(2)创造学生可以为自身学习负责的环境。(3)在教室里,教师不是讲台上的圣人,而是学生身旁的引导者。(4) 结合了直接讲授与建构式学习。(5)学生若因生病或课外活动缺席时,学习进度将不致落后。(6)可永久地保存课程内容以供检视或修正。(7)课堂上全体学生都能投入到学习活动中。(8)全体学生都可获得个性化教育 。

我们可以发现,狭义的"翻转",是指教师将自己在课堂上的教学拍摄下来,让学生可以在课前预习、课后复习的一种方式;而广义的"翻转",其实是指老师改变自己既有的教学方式,要"以学生学习为中心"来进行课程设计及课堂教学。刘怡甫(2013)指出,所谓"翻转课堂"指的是一种将课堂内与课堂外师生教与学的时间重新安排的学习模式。翻转的精神在于——课堂外的时间由传统学生做作业"翻转"为学生自学教师预录的教材内容,并做提问;课堂内的时间由传统的教师讲授"翻转"为教师引导学生做互动讨论与问题解惑。这种翻转的目的在于将课堂的主导权从教师转移到学生，落实以学生为中心的教学设计。

一、推行“翻转课堂”在新加坡华文教学中的必要性

“翻转课堂”能够调动学生的积极性，提高学生的学习效率和学习能力。我们认为这种课堂教学法非常适合于新加坡的华语教学。

（一）新加坡的语言生态

新加坡是世界上唯一的以华人为主的海外国家，华人占总人口的76.2%，[①]但是华语并未顺理成章地成为新加坡的主导语言。以英校为模式的统一型学校于1984年正式出现，这类学校采取以英语为教学媒介语、以学习者母语为第二语文的教育制度。这也就是二十多年来，新加坡所实行的一种语言政策——以英语为主导的双语教育政策。这个政策对新加坡的发展以及学习者母语的保留做出了贡献，但也使不少务实的华族学习者“脱华入英”。

新加坡的语言政策致使华语在整个社会中处于弱势地位，并且直接导致华文教学陷入了困境，也直接影响到了新加坡华裔对华语的习得。2010年新加坡教育部母语检讨委员会的调查显示，过去20年来，新加坡本地家庭用语发生了明显变化。根据1991年以来对小一入学时不同种族学生家庭用语的调查，华族小一入学学生在家庭里使用英语的频率从1991年的28%上升到了2010年的59%，如图1所示。

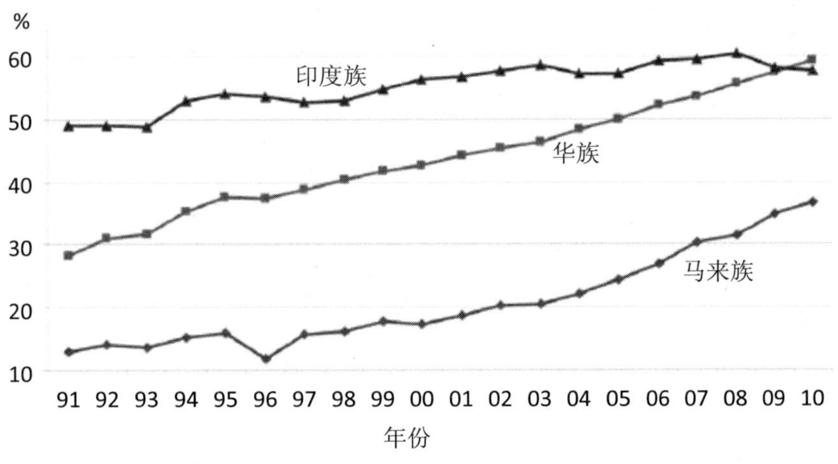

图1　小一学生以英语为主要家庭用语的比重[②]

① 数据源自于2010年人口普查数据。

② 图片来源于《2010母语检讨委员会报告书》。

总的来说，新加坡社会的主流语言是英语。英语不仅仅是官方语言，也是教学的媒介语。从社会环境看，华语虽然名列四大官方语言之一，实际上只是承担了族群交际语的功能，甚至沦落为“巴刹语言[①]”；从家庭环境看，那些在以英语为教学媒介语的教育体系里成长的华族年轻父母，更习惯用英语和子女交谈。因此，学生既缺乏学习华文的外部环境，也缺乏内在动机，表现在学习上就是缺乏学习的热情。这种难以扭转的趋势，给华文学习和教学带来了不少困难。吴元华(2005)就指出，新加坡社会中，华文的社会功能和实用价值越来越小，年轻华人的华文基础也越来越薄弱。新加坡的语言生态直接影响到了华文教育。在此环境下，如果不改变华文教育的策略和方法，华文教育势必会事倍功半。

(二)新加坡华文教育状况概述

吴英成(2003)提出全世界的华语可以依据扩散的种类、所处的社会语言功能域、语言习得类型等因素，划分为三大同心圈：内圈、中圈、外圈。如图2所示。

位于中圈的新加坡华语教育既不同于中国大陆和台湾的母语语文教育，也不同于外圈的对外汉语教育。位于内圈的母语语文教育具备得天独厚的华文环境，华语既是行政语言，又是社会共同语；位于外圈的对外汉语教育虽然不具备华文环境，但是学习者往往具有强烈的学习动机；而位于中圈的海外华语教育则具有完全不同的特点。以新加坡为例，新加坡的学生在学习和使用华语时是非常特殊的，华语对他们来讲并不完全是第二语言。大部分华裔学生在上学前就已经习得了部分作为母语的华语，但是在后来的学习中，因为语言政策和环境等各种因素的影响，学生缺乏继续学习华文的动力。

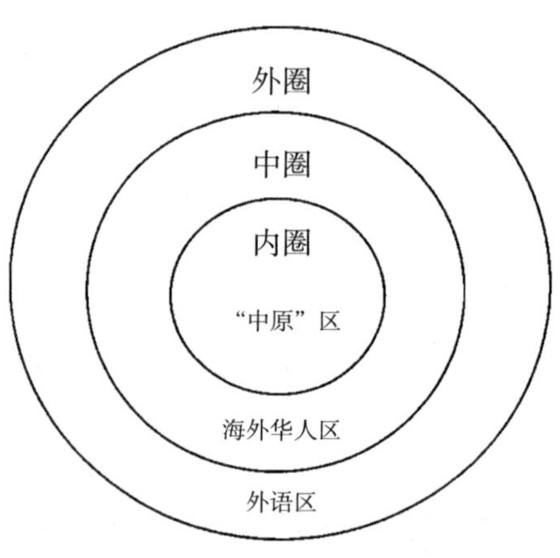

图2　华语三大同心圈

我们曾经对武吉班让政府中学学生的家庭语言使用情况做过调查，共有224名华裔中学生参与，他们的家庭语言使用情况如图3所示。从图3可以看出，英语单语家庭只有12.95%，

① 新加坡特有词汇，“巴刹”指菜市场。

也就是说大多学生在上学前就掌握了华语的听说能力,因此,学校教学的任务是训练提高学生的阅读、写作等能力。

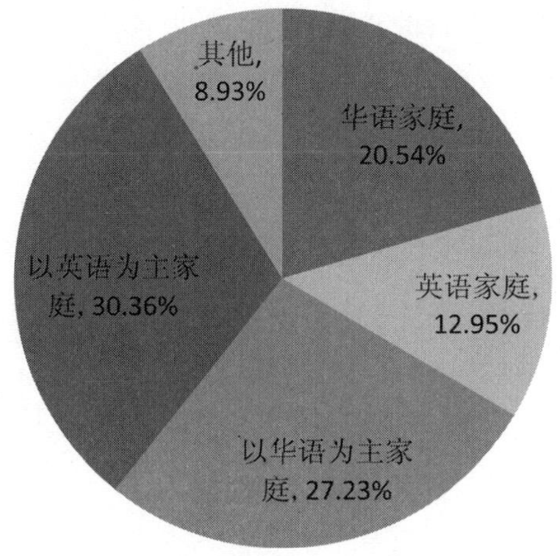

图3　武吉班让政府中学华裔学生家庭使用语言分布图

新加坡特殊的语言生态,导致了其在华文教育政策上的不断调整。新加坡教育部原本规定华族学生从小学到中学接受十年华文教育,但是由于学生的水平差异过大,中学里的华文课程被划分成了五个等级,即高级华文、快捷华文、普通学术华文、基础华文和华文B课程。可是这样的划分也导致了学生的华文水平更加参差不齐。针对不同的等级,中学华文在课程的时间设置上也不相同:高级华文每周3小时30分钟、快捷华文每周3小时、普通学术课程每周3小时、华文B课程每周2小时15分钟、华文基础课程每周2小时15分钟。除去这些时间,学生其他课程的教学媒介语言都是英语。

进行双语教育是新加坡的一项国策,但不少学生把学习华语当作一种折磨。大部分学生在学期间之所以能花一部分时间学华语,主要是为了能通过各种考试。特殊的语言生态致使新加坡的华文教育形势异常艰难和严峻,因此,作为老师,如何改变教学方法、提高学生的学习积极性和参与度就成为了一个重要的课题。

(三)推行"翻转课堂"理念在新加坡华文教学中的必要性

上文我们分析了新加坡的语言环境和华文教育状况,总的来说,因为语言政策和语言环境的关系,学生对华文缺乏兴趣,同时也缺少学习华文的社会环境,但是课程标准又对学生的华文水平提出了要求。以高级华文为例,《中学华文课程标准》(2011)对学生在中学毕业时要达的标准做了如下规定——加强学生听说读写的能力,着重写作能力的培养,最终达到以下目标:(1)能听懂适合程度的记叙性、说明性、议论性和实用性语料。(2)能针对较复杂的话题与人进行有效的交流,能根据题目发表简短的演讲。(3)能阅读适合程度的记叙性、说明性、议论性和实用性语料,并能深入地进行文学欣赏。(4)能写适合程度的记叙文、说明文、议论文和实用文，并能进行简单的文学创作。(5)能认读和写2700—2800个常用字。

课程标准对学生的听、说、读、写能力都做出了要求，针对高级华文学生，还特别强调了写作能力的培养。根据新加坡华文教育的现状，学生缺少学习华文的外部环境和动力，也缺少内在的兴趣，所以我们认为在新加坡推行“翻转课堂”理念是非常有必要的。如果继续传统式的教学法，学生的华文学习积极性无法调动，老师很可能也无法充分把握课堂时间，那么学生仅有的华文学习时间也无法得到有效的利用。

二、“翻转课堂”在新加坡华文教学中的实施

(一)适用于新加坡华文教学的“翻转课堂”理念

如上文所述，“翻转课堂”的意义就在于扭转过去课堂上纯粹“老师说、学生听”的单向填鸭式教学，转而重视“以学生学习为中心”的教学，把学习的主动权还到学生手上。此外，通过这种学习模式激发学生的学习动机和兴趣，最终能够帮助学生形成自主学习的能力。“翻转课堂”理念的影响力仍在不断扩大中，我们认为新加坡的华文教学也应该吸纳“翻转”的精神。吴元华(2004:192)指出“由于大环境所使然，许多华族学生，在课外应用华文华语的机会也不多，也很少主动应用华文华语，更不必说花时间去阅读大量的华文读物，阅读能力也就有限”。如何利用有限的华文课时间，激发学生的学习潜能，提高学生的华文水平，是新加坡华文教学的当务之急。

从2015年开始，武吉班让政府中学开始尝试推行“翻转课堂”教学法。结合新加坡中学生的学习特点，我们认为应当把“翻转课堂”和“问题导向式教学法”相结合。同时，根据新加坡学生的华文学习现状，应充分利用教材中的课文，以提高学生阅读能力为核心，进而提高学生的写作和表达能力。

(二)“翻转课堂”理念的具体实施

1.教学流程设计。

在教学设计上，我们遵循了“翻转课堂”的理念，课前强调学生的自学和预习，课堂教学以学生为中心、以问题为主导，课后作业以运用所学技能为主，具体流程如下：

上课之前，教师根据课文内容，设计问题纸，然后发放给学生。学生需要自学课文，然后尝试完成问题纸上的问题。

课堂上，学生首先以小组为单位[①]，讨论问题纸；然后，教师以问题纸为主导，请学生自己

---

① 在学期之初，根据学生华文水平的高低，教师需要完成分组，小组成员为4人，在学习过程中，小组组员可以互相讨论、互相监督，进而共同提高。

讲出答案。在此过程中，教师以引导为主，力求学生自己逐步得出正确答案。

下课后，学生需要完成课后作业。作业大致有两种：一是造句，增大学生的词汇量，训练学生的基本表达能力。二是写作，学生需要利用课文中所学的技能，进行书面写作。

通过以上的流程，我们以课文为主要教学材料，训练了学生的阅读能力、表达能力和写作能力。学生在经过三个学期(30个星期)的训练后，老师会要求学生以小组为单位，尝试设计出活动纸，进而检测学生的学习能力，训练学生的思维能力。

2.问题纸设计。

我们认为，整个教学流程是否能够成功，是否能够提升学生的各项语言能力，关键是看问题纸的设计是否合理。祝新华(2005)提出了“阅读能力层次”理论，认为阅读能力的层次可分为以下六层：(1)复述——对篇章进行最初的、直接的理解，找出特定的事实、依据等显性信息。(2)阐述——解释篇章中的词语意思、句子的命题意义等显性信息。(3)组织——推断篇章的结构、表达、内容等方面的隐含信息。如分析篇章结构、表达技巧、找出多个依据/原因、理清关联信息、概括段意、归纳全篇主要内容等。(4)伸展——引申意义，拓展内容。如抽取句子的功能意义、推得篇章中心或作者所得的道理和启发、推得主要人物与事物的特点、推测未述内容等。(5)评价——有理据地评论篇章内容与语言特点。(6)创意——提出超出篇章的方法、观点。以上阅读能力的六种层次，又配合十八种题型(祝新华，2005)进行阅读能力的评量及测试。

我们的问题纸设计，就以祝新华(2005)的理论为依据，训练学生不同层次的阅读能力，同时训练学生对文章结构的把握能力和思维能力。以中三高级华文(上)第一课《秋天的怀念》为例，问题纸设计如表1所示。通过问题纸，我们训练了学生不同层次的阅读能力，学生也可以通过问题纸审视自己的华文水平。

表1 《秋天的怀念》问题纸

导入题	训练层次
1.记叙文的六要素和叙述方式。 2.记叙文描写人物的方法。	调动学生已学过的知识
基础题	
1.我发生了什么事？心情如何？从什么地方可以看出？	复述
2.我发脾气时，母亲是如何对待我的？请用几个动作加以概括。	组织
3.后来，我答应去看花时，母亲又是什么表现？	复述
4.最终，我和母亲一起看花了吗？为什么？	组织
5.母亲是如何对待自己生病这件事的？	组织
6.母亲在病榻上最惦记的是谁？从哪里可以看出？	复述
7.最后，我跟谁一起看了花？	复述

续表

挑战题	
1.第一段，描写母亲时使用了什么方法？举例说明。这些动作表现了母亲什么样的心情？	组织、阐述
2.母亲喜欢花，为什么她侍弄的花却都死了？	组织
3.从第一段和第三段，比较一下作者的心情有什么转变。	组织
4.在我看着窗外的树叶飘落时，母亲为什么要挡在窗前？	组织
5.第四段，跟我聊天时，她为什么忽然不说了？	伸展
6.第七段是详写还是略写？说明作者这样安排的用意。	组织、伸展
7.我和妹妹懂得了母亲没说完的话，你认为是什么？	伸展
8.这篇文章，是从我的角度来写，试以母亲为第一人称，改写这篇文章。(课后完成)	创意

(三)成效与反思

2015年开始，我校开始尝试把“翻转课堂”和“问题导向式教学法”结合到一起进行教学。经过了为期两年的教学试验，学生的语言能力确实得到了提高。我们以学生的阅读能力为例加以说明：

表2　试验班和对照班成绩对比(实施翻转教学一年)

Class	Stream	A1	A2	B3	B4	C5	C6	D7	E8	F9
		100—75	74—70	69—65	64—60	59—55	54—50	49—45	44—40	39—0
S3-01	Express	0	4	3	5	2	5	1	1	1
S3-03	Express	1	1	2	2	8	5	1	0	0

表3　试验班和对照班成绩对比(实施翻转教学两年)

Class	Stream	A1	A2	B3	B4	C5	C6	D7	E8	F9
		100—75	74—70	69—65	64—60	59—55	54—50	49—45	44—40	39—0
S4-05	Express	9	3	4	7	0	1	0	0	0
S4-04	Express	4	7	2	4	3	3	0	0	0

表2和表3是参与了教学实验的四个班级在年尾考试时试卷二的成绩。试卷二主要测试学生的阅读水平。

表2中的S3-01是试验班，S3-03是对照班。经过一年的“翻转教学”，可以发现，S3-01学生的阅读水平整体有所提高，获得B4以上的同学有12位，明显多于对照班S3-03。但是我们发现S3-01班程度弱的学生提高还不明显，甚至还有学生拿到E和F。

表3中的S4-05是试验班，S4-04是对照班。经过两年的“翻转教学”，可以发现，S4-

05学生的阅读水平大幅提高，获得A1的人数明显多于对照班S4－04，得C5以下的学生只有1位，而对照班S4－04得C5以下的学生有6位。

通过为期两年的教学实验，可以发现，“翻转教学”相比于传统教学而言，确实能够提高学生的阅读能力。值得注意的是，“翻转课堂”教学法对学生的自学能力要求比较高，因此，对于华文程度比较弱的学生而言，刚开始实施此教学法时，他们的提高不太明显，这就需要老师在课堂外有针对性地辅导部分程度弱的学生。

三、总结

本文探讨了“翻转课堂”理念在新加坡华文教学中的适用性。在“翻转课堂”和“问题导向式”教学法相结合的教学模式中，教师的角色从知识的“教导者”转型为学习的“引导者”，节省了课堂讲解时间，师生互动和学生学习参与度也大大提高。把“翻转课堂”和“问题导向式”教学有效地结合在一起，确实有助于提高学生的语言能力。尽管如此，这种教学模式无论是对老师还是学生都提出了新的挑战：老师必须科学地设计问题纸与教学活动，而学生也须改变以往的学习习惯，提高自学能力，并要学习如何与他人互动合作 。

参考文献

刘伊霖(2012) Flipped classroom 彻底颠覆你的思维，数位典藏与学习电子报：http://newsletter.teldap.tw/news/HaveYourSayContent.php? nid=5557&lid=640。

刘怡甫(2013) 2013地平线报告——高教篇报道，辅仁大学数位学习资源网。

吴英成(2003) 全球华语的崛起与挑战，《语文建设通讯》第73期。

吴元华(2004)《华语文在新加坡的现状与前瞻》，新加坡：创意圈出版社。

新加坡教育部(2010)《新加坡2010母语检讨委员会报告书》。

新加坡教育部(2011)《新加坡中学华文课程标准》。

祝新华(2005) 阅读认知能力层次——测试题型系统概要，《能力发展导向的语文评估与教学总论》，新加坡：中外翻译书业社。

Bergmann, J., Overmyer, J. & Willie, B.(2011). *The Flipped Classroom: Myth vs. Reality*. Retrieved from http://www.thedailyriff.com/articles/the-flipped-class-conversation-689.php.

（责任编辑：韩晓明）

语音识别技术与声调教学策略

赵冉　杜乃岩　〔荷兰〕Rob J. J. H. van Son

提　要　本文旨在介绍对大学初级汉语学生习得声调较为有效的一些教学法与科技应用，如学生个人学习网页、在语音识别软件 Praat 基础上开发的声调练习与实时反馈工具以及在课程管理平台上设计的录音作业。本文将以学生录制的视频为语料分析上述教学法与工具发挥的作用和取得的效果。

关键词　汉语声调；语音识别与视觉呈现；声调教学策略

Setting the Right Tone：Technology and Teaching Strategies

Ran Zhao，Naiyan Du，〔Netherlands〕Rob，J. J. H. van Son

Abstract　This paper discusses various teaching methods and tools that have worked particularly well to help students master the tones in their first year of learning Mandarin at the college level. Technology-enhanced pedagogies such as e-Portfolio，online recording assignments and a speech-recognition technology called SpeakGoodChinese are discussed to address the motivational，practical and evaluative aspects of teaching/mastering tones. Student-made videos are analyzed to assess the effectiveness of the above methods and tools.

Key words　mandarin tones，speech recognition and visualization，tone teaching strategies

---

【作者简介】 赵冉，女，弗吉尼亚大学东亚系中文项目主任，研究方向为对外汉语教学。
杜乃岩，男，弗吉尼亚大学语言学在读硕士研究生，研究方向为汉语语音学。
Rob J. J. H. van Son，男，荷兰籍，阿姆斯特丹大学研究员，研究方向为语音识别。

〇、引言

汉语声调习得是初级汉语教学任务的重中之重。首先是因其重要性。汉语语义有时依靠甚至单靠声调来区分，因此声调错误便有可能阻碍交流。为了学生日后能够使用中文有效沟通，声调是对外汉语教学中必要的一个项目，这一点上似乎并无异议（Hao, 2012）。很多学生、教师和学者都把声调学习作为汉语学习最难的方面之一（Hu, 2010; Huang, 2000; Miracle, 1989）。声调学习在初级阶段的重要性也体现在时机上。这是因为声调错误如不及时纠正，固化之后再纠正则会更为困难（Han, 2004）。所以学生学习汉语的第一个学期实为充分训练声调的最佳也是最宝贵的时机。本文因此集中讨论美国弗吉尼亚大学东亚系中文项目第一学期初级汉语课程中的一些声调教学策略与科技应用，并就其有效性通过分析学生录制的视频来加以评估与讨论。

一、SGC：基于语音识别技术的发音练习与实时反馈工具

随着语音识别技术的发展，越来越多的研究对学生的语音输出进行声学研究（Beutner, 2001; Chun et al, 2015; Hirata, 2004）。本文将重点介绍一个新近基于 Praat（Boersma, 2011）开发的发音练习与实时反馈工具：SpeakGoodChinese（下称 SGC）。SGC 可以在 speakgoodchinese.org 网站（van Son & Weenink, 2016）免费下载，可于 Windows、Mac OSX 与 Linux 系统下安装使用。SGC 的使用界面如下图所示：

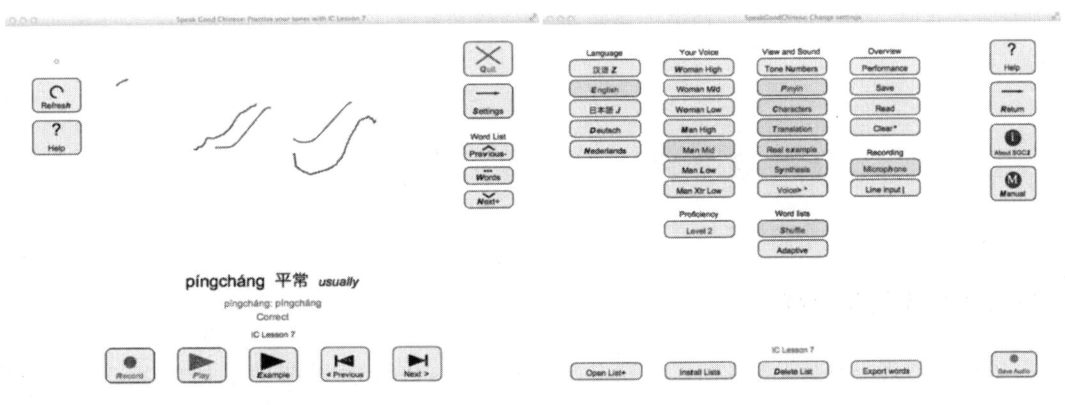

图 1　SGC 练习主页（左）及与该练习组相应的控制版面（右）

如图 1 所示，学生可以在练习主页上选取需要练习的生词，然后依次练习。目标生词出现

时，学生可以看到生词的汉字、拼音和英文释义。更重要的是学生可以看到绿色的声调调型图示。学生点击“Example”即可听到该生词的正确发音。点击“Record”可以录下自己的发音，同时看到自己发音的图示，在主页上会显示为红色线，以跟标准发音的绿色线形成对照。如果学生发音正确，会看到自己的红色线与标准的绿色线在音高与调型上基本一致，并且收到“Correct”这样的实时文字反馈。同时学生可以点击“Play”，听到自己的录音，再点击“Example”，比较标准读音。所以学生可以利用这个工具学习生词的音形义的同时练习自己的声调，并实时得到视觉、听觉和文字上的反馈。

在右边的控制界面上，学生可以调整适合自己的音频和难度。还可以选择是否显示汉字和英文，将 SGC 作为记忆生词的闪卡来使用。另外，学生点击“Performance”，可以看到自己这一练习时段所练习的所有生词和所有练习时长、练习次数、正确率等相关统计数据（如图 2 所示）。老师也可要求学生将这页统计结果作为作业上交。

	1	2	3	4	5	6	7	8	9	10	11	12
row	Pinyin	Correct	Wrong	Total	High	Low	Wide	Narrow	Unknown	Commented	Level	Time
1	Total	28	34	62	3	8	10	20	0	41	0	Mon Nov 2 16:36:22 2015
2	da4jia1	1	0	1	0	0	0	0	0	0	0	Mon Nov 2 16:33:34 2015
3	da4jia1hao3	1	3	4	0	1	1	2	0	4	0	Mon Nov 2 16:33:59 2015
4	gong1ke4	1	4	5	2	0	0	2	0	4	0	Mon Nov 2 16:33:05 2015
5	hen3ku4	1	0	1	0	0	0	0	0	0	0	Mon Nov 2 16:36:08 2015
6	hen3shuai4	1	1	2	0	0	0	1	0	1	0	Mon Nov 2 16:35:45 2015
7	kai1shi3	1	1	2	0	0	0	1	0	1	0	Mon Nov 2 16:34:13 2015
8	ku4	1	4	5	0	0	1	4	0	5	0	Mon Nov 2 16:36:04 2015
9	lu4yin1	1	0	1	0	0	0	0	0	0	0	Mon Nov 2 16:34:56 2015
10	nian4	0	6	6	0	6	0	0	0	6	0	Mon Nov 2 16:34:37 2015
11	nian4ke4wen2	1	1	2	0	0	0	1	0	1	0	Mon Nov 2 16:34:47 2015
12	ping2chang2	1	0	1	0	0	0	0	0	0	0	Mon Nov 2 16:31:22 2015
13	shang4ke4	1	0	1	0	0	0	0	0	0	0	Mon Nov 2 16:34:03 2015
14	shuai4	1	3	4	0	1	0	2	0	3	0	Mon Nov 2 16:35:37 2015
15	ting1lu4yin1	2	2	4	0	0	1	1	0	2	0	Mon Nov 2 16:35:20 2015
16	wan3	1	0	1	0	0	0	0	0	0	0	Mon Nov 2 16:32:22 2015
17	zao3	1	2	3	0	0	0	0	0	0	0	Mon Nov 2 16:31:35 2015
18	zao3shang	1	1	2	0	0	0	1	0	1	0	Mon Nov 2 16:32:45 2015
19	zhe4me	2	2	4	0	0	1	2	0	3	0	Mon Nov 2 16:31:54 2015
20	zhe4mewan3	2	0	2	0	0	1	0	0	1	0	Mon Nov 2 16:32:35 2015
21	zhe4mezao3	4	0	4	0	0	3	0	0	3	0	Mon Nov 2 16:32:16 2015
22	zhi3	3	0	3	0	0	2	0	0	2	0	Mon Nov 2 16:36:22 2015
23	zuo4gong1ke4	0	4	4	1	0	0	3	0	4	0	Mon Nov 2 16:33:28 2015

图 2　学生练习统计数据截图

二、SGC 在声调教学策略中的作用与教学效果

（一）数据收集与分析

本文分析整理 2014 年至 2016 年每年第一学期的初级汉语课中的声调教学策略以及 SGC 在各种策略中所起的作用和与其他策略的关系。学生在每个学期末对声调的掌握情况，也就是这三个学期声调教学的总体效果则通过 2014 年到 2016 年间初级汉语学生在第一学期末制作的视频中的声调发音准确率来衡量。表 1 总结了 2014 年至 2016 年间声调教学策略的

组合情况。

表1　2014—2016年秋季学期初级汉语课声调教学策略组合

2014年	2015年	2016年
SGC处于试用阶段，鼓励学生使用，不作为硬性作业； 口语考试中对声调的要求适中； 课堂上对声调错误的纠正较为频繁	SGC正式作为课程要求的一部分，学生需要在各自的学习网站上张贴每课的发音练习统计结果； 口语考试中对声调的要求适中； 课堂上对声调错误的纠正较为频繁	SGC的开发处于升级阶段，鼓励学生使用，不作为硬性作业； 口语考试中对声调的要求适中； 课堂上对声调错误的纠正非常频繁；几乎有错必纠；声调评分标准非常严格的录音作业；分数与声调正确度直接相关

对学生视频数据进行分析时只选取了视频2—3分钟这一时段。声调错误统计员为汉语母语者，也是语言学专业的在读研究生。表2为一段视频语料的分析方法示例。

表2　视频语料分析方法示例

语段长度	视频文字 （声调错误以下画线标出）	流利度 （每分钟音节数）	正确音节与音节总数比	正确率
66秒	这个星期六我穿[chuan^{3}]红色、蓝色和白色的衬衫，蓝色的牛仔裤和咖啡色[se^{1}]的鞋。我希望穿一[yi^{1}]件红色的夹克，可是不能，因为不合适。在弗大和在[zai^{3}]家我天天喝咖啡，可是我常常在弗大去Argo喝茶。我上午在[zai^{3}]家要吃早饭。我在宿舍吃早饭吃得不好吃。快做笔记！水很好喝！我天天喝很多水。这是我的狗，她叫Tera。她是黑色的狗，也挺好看。除了跟我的狗玩儿[wan^{4}]以外[wai^{3}]，我常常跟Tera去外。虽然我爱我的狗，她有时不太方便。我没有一只[zhi^{3}]狗，我有一只[zhi^{3}]兔子，他叫Rab先生。	155	163/170	95.88%

共有58段学生制作的视频按照上述方法分析统计，结果如表3所示：

表3　视频分析统计结果

	2014年	2015年	2016年
被分析的视频总数	25	19	14
流利度平均值	119	129	122
准确度平均值(%)	89	90	93
准确度(%)中数	90	93	96
准确度(%)标准差	9	8	6

(二)关于分析结果的讨论

这一组学生语言输出的声调准确率在三年中持续达到了 90%左右,应该算作是成功的。这三年中并无哪一年比其他年份有统计学意义上更高的准确率,这是天花板效应(the ceiling effect)在起作用。当学生的准确度已经达到 89%时,上升空间已经非常有限。但是令人欣喜的是,这组数据表明这三年开始使用 SGC 以来,学生的声调准确度是令人满意的。另外值得注意的是,2015 年将 SGC 作为规定性的作业并没有让学生的声调有质的飞跃。这一点虽然没有印证我们的假设,表面上没有突出 SGC 的作用,但实际上符合我们的观察与教学经验:科技从来都不是,也不应该是,任何教学任务的魔法棒。科技从来都不可能单独地制造什么学习上的奇迹。要使科技的作用最大化,必须考虑如何将其与传统教学策略相结合,达到彼此促进的效果。

另外,虽然直接证据没有指向 SGC 的决定性因素,间接证据却无疑展示了 SGC 在帮助学生掌握声调的过程中起到的积极作用,并明确指出严格纠正发音错误的价值。这些发现包括来自学生和教师两方面的关于 SGC 的调查访问结果。图 3 和图 4 分别展示了在 2015 年和 2016 年第一学期末问卷调查中学生对 SGC 的看法:

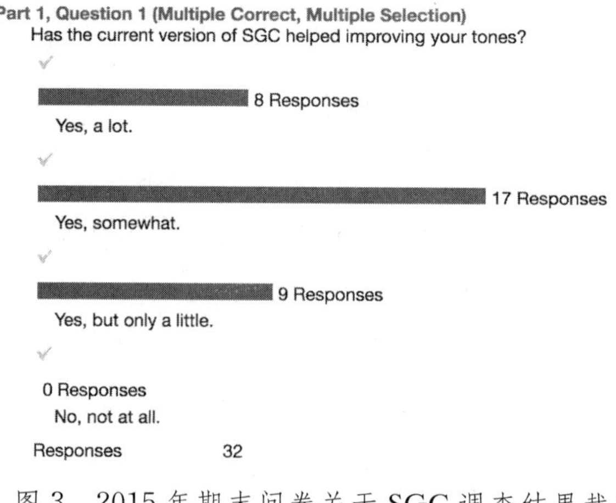

图 3　2015 年期末问卷关于 SGC 调查结果截图

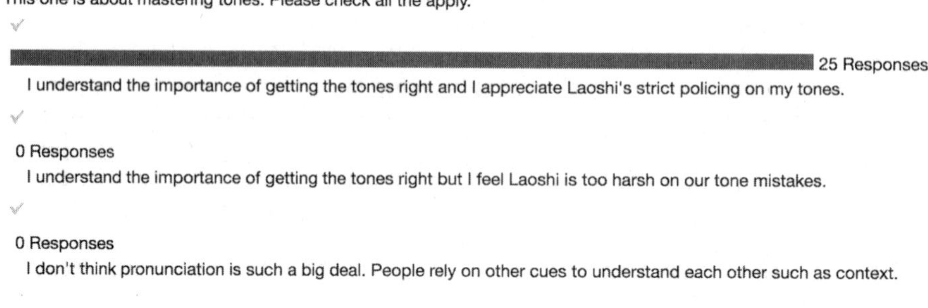

图 4　2016 年期末问卷关于声调学习的调查结果截图

在相关的调查访问中，这三年间的初级汉语课教师也就使用 SGC 和总体的声调教学分享了自己的反思(发表于教师自己的个人教学网站，2016)：

I used to feel very uncertain about correcting students' tones especially when students started to feel so discouraged that they would sometimes just shut down or even give up. But in 2014, I found SGC, adapted it by adding the natural-speech recordings to enhance the input, and then made it available for my students to support their independent tone practice. Since then, I feel it is reasonable to expect good tones from students. In the past when students were left all to themselves, I didn't think it's even reasonable to ask for good tones from students. Class time is limited and it was simply a mission impossible. But now that the support is there, there's no reason why we can't achieve good tones. So in my opinion, what SGC does is it has eliminated any excuse both students and instructors have to allow themselves settle for less satisfactory tones.

这段反思可以看出 SGC 的作用在于，它的视觉呈现功能和实时多媒介反馈为学生提供了自主练习声调的可能。有了这种可能，老师就可以大胆要求学生多做独立练习，学生也就没有了课下无人在旁纠正担心自己越练越错的借口。因此可以说 SGC 使得老师有了理由提高对学生发音的要求，进而对自己的纠音行为的合理性更具信心。而更加严格的纠音继而取得了学生声调进步的效果。

三、结论

此项研究再次证明科技本身不会创造学生进步的奇迹，科技必须与合理的教学法相结合才能发挥其最大的功用。SGC 因其语音识别与视觉呈现技术和实时反馈的功能，可为汉语初学者提供一个强大的独立练习发音的工具。如果与严格的纠音和评估标准相结合则可以将学生的发音准确率维持在 90%左右。现有的文献也表明学生其实感谢老师直接即时地纠正他们的发音错误(Hu, 2012; Lebontee, 2014)。所以本文也想在介绍工具之余，提醒在为学生的声调忧虑又为自己该不该纠音而纠结的老师们，帮助学生掌握声调是可能的，严格的纠音，只要在学生理解其价值的前提下，辅以 SGC 这样的工具，会得到学生的接受甚至欢迎。

参考文献

Beutner, M. R. (2001). *Using Computer-assisted Interactive Feedback to Enhance Natural Pronunciation of Chinese Tones by Non-Native Learners of Mandarin Chinese* (1 – 133). Ohio University.

Boersma, P. (2006). Praat: Doing Phonetics by Computer. http://www.praat.org/.

Chun, D. M., Jiang, Y., Meyr, J., & Yang, R. (2015). Acquisition of L2 Mandarin Chinese tones with learner-created tone visualizations. *Journal of Second Language Pronunciation*, 1(1), 86 – 114.

Han, Z. (2004). *Fossilization in Adult Second Language Acquisition* (Vol. 5). Multilingual Matters LTD.

Hao, Y. (2012). Second language acquisition of Mandarin Chinese tones by tonal and non-tonal language speakers. *Journal of Phonetics*, 40(2), 269 – 279.

Hirata, Y. (2004). Computer assisted pronunciation training for native English speakers learning Japanese pitch and durational contrasts. *Computer Assisted Language Learning*, 17(3 – 4), 357 – 376.

Hu, B., & Tian, L. (2012). Do teachers and students share similar beliefs about teaching and learning strategies? *System*, 40(2), 237 – 254.

Lebontee, R. (2014). Strategies in learning and production lexical intonation of Mandarin Chinese as a foreign language by English L1 speakers. Paper presented at the Proceedings of the Asian Conference on Language Learning 2014, At Osaka, Japan.

Mitchell, R. & Myles, F. (1998). *Second Language Learning Theories*. London: Armold.

Neri, A., Mich, O., Gerosa, M. & Giuliani, D. (2008). The effectiveness of computer assisted pronunciation training for foreign language learning by children. *Computer Assisted Language Learning*, 21(5), 393 – 408.

Oxford, R. L. & Schramm, K. (2007). Bridging the gap between psychological and sociocultural perspectives on L2 learner strategies. *Language Learner Strategies*, 30, 47 – 65.

Praat. Retrieved December 15, 2016, from http://www.praat.org/.

SpeakGoodChinese. Retrieved December 15, 2016, from http://speakgoodchinese.org/.

Wong, P., Li, L. & Yu, X. (2013, June). Inter-rater agreement on Mandarin tone categorization: contributing factors and implications. In *Proceedings of Meetings on Acoustics ICA2013* (Vol. 19, No. 1, p. 060056). ASA.

（责任编辑：尹春梅）

葡萄牙孔子学院汉语课程大纲本土化研究
——《里斯本大学孔子学院汉语课程实施大纲》编制实践*

桑 勇

提 要 《里斯本大学孔子学院汉语课程实施大纲》是里斯本大学孔子学院自主编制的一套具有针对性指导细则的国别化、本土化汉语课程大纲，文章以大纲的编制实践为例，在需求分析理论的指导下，对本土化大纲的编制意义、进程和结构框架进行介绍，重点阐释大纲的交际话题与任务、考核与测评等核心内容及学生需求导向、量化并细化大纲内容、多媒体资源辅助教学、阶段性分级对接HSK等本土化特点。对大纲出台后可能面临的问题做了预测，并提出解决建议。

关键词 孔子学院；汉语课程；大纲编制；本土化

The Research on the Localization of Chinese-syllabus in Portugal's Confucius Institute: The Practice of Syllabus-design of Confucius Institute in Lisbon University

Yong Sang

Abstract The syllabus of Chinese course of Confucius Institute in Lisbon University, which is country-specific and localized, including targeted guiding rules, is made by Confucius Institute in Lisbon University. This paper takes the practice of syllabus-design of Confucius Institute in Lisbon University as an example. With the direction of Needs Analysis Theory, it introduces the significance, process and framework of making localized syllabus of Chinese, paying more attention to localized features, explaining communicative topics and tasks of the syllabus, assessment and evaluation, students' needs guidance, quantification and details of syllabus, multimedia teaching assistance, classification of the syllabus to

---

* 本研究受到天津外国语大学"十二五"科研规划2015年度科研规划项目（项目编号：15QN05）支持。

【作者简介】桑勇，女，天津外国语大学国际合作与交流处助教，里斯本大学孔子学院教师，主要研究方向为国际汉语教学。

connect with the HSK. It also predicts some possible problems after the promulgation of the Chinese syllabus, and provides some suggestions for solving them.

Key words: Confucius Institute, Chinese courses, syllabus-design, localized

孔子学院是汉语和中国文化国际推广的重要平台。进入第二个十年发展期,孔子学院建设也将从过去的以规模性增长为主向提高质量为主转变。孔子学院筑牢根基的根本出路是实现本土化(许琳,2016),因此,孔子学院本土化课程实施大纲的编制是提高教学质量、实现教学改革,促进孔子学院本土化发展的关键一步。

一、编制意义和进程

大纲是指导教学的纲领性文件,是实施教育思想和教学计划的基本保证,是进行教学、教材建设和教学质量评估的重要依据,也是指导学生学习、制定考核说明和评分标准的指导性文件。国家汉办、孔子学院总部 2014 年修订的《国际汉语通用课程大纲》(以下简称《通用大纲》)为国际汉语教学提供了参考标准。尽管《通用大纲》反映了国际汉语教学的实际需求,但汉语教师在实际教学中尚未普遍应用(张会,2016)。因此,制定一套符合本土汉语教学特点的、具有针对性指导细则的国别化、本土化汉语课程大纲成了汉语国际教育的当务之急。目前,葡萄牙的四所孔子学院,按成立时间排序为米尼奥大学孔子学院(2006)、里斯本大学孔子学院(2008)、阿威罗大学孔子学院(2015)、科英布拉大学孔子学院(2016),均无自己开发的汉语课程大纲,对《通用大纲》的利用率也极低。在调查的 15 位孔子学院教师中,5 位教师听过《通用大纲》,约占 30%;对修订后的 2014 版《通用大纲》均没有了解。被问及是否在教学中应用时,全部反映《通用大纲》内容概括,适合领会指导思想,无法拿来就用,即无法直接用于指导教学实践。

(一)大纲的编制背景及意义

里斯本大学孔子学院 2008 年正式运营至今,近十年间,不断摸索适合当地学生的教学内容、教学模式和教学方法,但至今仍无纲领性教学文件。仅对教学进度做了粗略要求,而教师们多根据教材和经验上课,自主性和随意性较大,教学考核和评价等环节均各立规矩,各行其是。教学进度也常常发生改变。葡方以行政工作为主,对汉语教学情况了解甚少。因此,编制一套系统的、可操作的、有针对性的课程大纲是指导和规范教学的第一步,也是本土化教师发展、教材编写和教法运用的重要依据。该大纲也将为葡萄牙地区其他孔子学院乃至整个欧盟地区汉语课程大纲的研制提供参考和借鉴。

(二)大纲的编制进程

《里斯本孔子学院汉语课程实施大纲》编制按大纲定位、前期调研、分级编制、修订和翻译等阶段逐步展开。

1.基本定位。

立足于孔院教学的实际,综合考虑本土学习对象和汉语语言特点,编制出一套具体细化、简单实用、有针对性、可操作性强的、以培养学生交际能力为导向的交际型大纲。本大纲对教师、学生、葡方工作人员三方起到指导性作用,以学生需求为中心,教师实践为基础,葡方反馈和指导为推动力。我们拟定本大纲为"课程实施大纲"(以下简称《孔院大纲》),而非传统的教学大纲。课程实施大纲的宗旨和功能与通用大纲的总目标相契合。课程实施大纲主要承载着四种基本功能,即师生的教学合同、学生的学习工具、师生沟通的桥梁、教学评估的工具(高耀明、叶颖,2014)。

2.编制过程。

在整体指导思想的基础上分阶段完成大纲编制。首先是前期的调研工作,这是大纲编制工作展开的基础。一方面,调研学生的需求。对孔院学生发出电子调查问卷,并通过访谈深入细致了解学生需求。另一方面,参考现有大纲相关文件。葡萄牙本土的外语教学多以《欧洲语言共同参考框架(CECR)》为蓝本,外语课程均有具体的课程实施大纲(syllabus);外国人学葡萄牙语的对外葡语课程大纲;国家汉办的《国际汉语通用课程大纲》(修订版);孔子学院国内合作院校——天津外国语大学的汉语课程教学大纲。通过调研和阅读相关材料和文献,确定大纲编制的整体思路和基本框架。既要考虑到与本土外语教育大纲的协调性和一致性问题,又要利用现有资源从孔院实际出发;既要吸收借鉴先进的外语教学理念,又要注重汉语的语言特点。

此外,大纲开发需要一支专业的、具有国际视野的编制小组,以确保大纲内容的科学性和指导性。《孔院大纲》编制小组由里斯本大学孔子学院在任教师5人和天津外国语大学国际交流学院对外汉语系任课教师2人组成。所有成员均有三年以上海外汉语教学经验。根据前期调研结果,采用阶段式大纲模式,分级制定细化课程实施大纲。三年划分为六个等级。整个大纲编制从调研到完成历时一年多。2017年7月,在孔院招生中正式启用。

二、孔院大纲基本内容

里斯本大学孔子学院的汉语教学对象主要有两类人群,一是社会人士,二是大学文学院亚洲研究专业的学生。孔院教学已进入葡萄牙国家教育体系,亚洲研究专业学生在亚洲语言即阿拉伯语、日语、韩语中选修一门,属于专业选修的学分课程。本科生的学习和评价文学院有统一要求，汉语教学遵照执行。因此，本大纲主要针对社会人士编制。

（一）结构框架

通过吸收 CECR 的新理念，采用“能够”的方式描述教学目标和汉语教学内容（苑新政，2016），比如：“能够了解汉语的基本语序及基础的语音知识”“能够询问并交换电话号码”。沿用葡萄牙外语教学大纲的基本格式，并结合国内结构型教学大纲和任务型教学大纲的核心内容制定孔院大纲。《孔院大纲》包括六个部分：教学总目标、交际话题及任务、教学内容、考核与测评、推荐教学资源、相关说明。

初级汉语前期调研显示，社会人士学习汉语的动机主要有三个：感兴趣、为未来做准备、工作需要。因此，社会班初级汉语课程就要注重实用性和趣味性，让学生觉得汉语有用、有趣、有魅力。基于此，初级汉语教学目标中除了提出基础的语言知识和交际技能外，还提出趣味性教学目标：能够用 APP 查生词，能够唱一首简单的中文歌曲，朗读一首简明的、韵律感强的歌谣或五言律诗。

（二）核心内容

交际话题及任务、考核与测评是孔院大纲的核心内容。

1. 话题的设计。

以学生的需求分析为基础，通过前期调研将学生希望学习的话题按选择的多少进行排序，最后得出阶段教学话题的顺序。同时，给出话题关涉的任务设计，明确话题的操练内容，并在附录中给出各项交际任务需要的功能句型，形成了话题—任务—表达的细化指导。同样以初级汉语 1 为例（如表 1 所示）：

表 1　话题和交际任务的设计

序号	话题	交际任务	表达
1	问候	能够跟老师、朋友打招呼	你好！您好！王老师好！ 早上好！你（您）早！ 晚上好！ 您怎么样？忙吗？
		能够表达告别	再见！拜拜！ 明天见！星期三见！ 周末愉快！
2	致谢与致歉	能够表达并回应感谢	谢谢！ 不客气！/不谢！
		道歉与回应歉意	对不起！ 没关系！

续表

序号	话题	交际任务	表达
3	个人基本信息	能够介绍和询问姓名	我叫 Sara,请问,你叫什么名字? 您贵姓?
		能够说出数字 1—10 询问和回答手机号码	一二三四五六七八九十　1(yāo) 请问,你的手机号码是多少?
		能够介绍和询问国籍	你是哪国人? 我是葡萄牙人。 她是中国人吧? 不是,他是韩国人。
		能够询问和表达住址	您住在哪儿? 你家离里斯本大学远吗? 不远,很近。/不太远。
4	家庭信息	能够介绍家人并询问和回答家庭人数 能够询问和回答家庭成员的职业	你家有几口人?都有谁? 爸爸、妈妈、哥哥和我。 你有姐姐吗? 你爸爸做什么工作? 他是医生。
5	问路	能够简单问路到达目的地	请问,这儿是图书馆吗? 请问,去孔子学院怎么走? 坐红线地铁到大学城站下车。

2.考核与测评方式。

鉴于孔院学生构成比较复杂,学习背景、年龄、学习目标差异较大,因此考核与测评环节改变了仅用传统的考试方式,转为以考察语言综合应用能力和交际能力为主;以考察教学目标的实现为标准,方式可灵活选择。既给出了考核各部分比例,又给出了考核建议。鼓励采用课堂展示及口头报告方式,促进学生开口表达。比如:自我测评部分加入“自我介绍”课堂展示环节。提前告知学生自我测评环节有助于增加学生学习的自主性,能够激发学生的学习兴趣与合作愿望。这样可以使《孔院大纲》成为真正的师生共享、互相监督的教学合同。

三、《孔院大纲》的特点

(一)学生需求导向

《孔院大纲》编制基于外语需求分析理论,是教师、学生、管理者三方共用的教学、管理文件。需求分析属于实证调查与研究，通过收集课程开始前和课程结束时的有关需求，为教学大纲的设计与实施、教学的组织、教材的使用以及教学效果的评估等提供依据与实证支持（郭素平、吴中平，2012）。《孔院大纲》编制前，通过大量调研搜集学生的学习需求，包括学习动机、学习目标、外语能力、期望的学习方式、课外学习时间等。从学生汉语需求的视角出发，用自下而上的方式，分析学生汉语学习中的主客观需求，探索提高孔院汉语教学质量的途径与方法。另外，一般的教学大纲仅供教学管理者和教师使用，学生对学期内所学不能提前预知，往往有被动性。《孔院大纲》则成为学习、讲授和评估的载体。

（二）量化、细化大纲内容

通过细化教学要求，学生能够预知学习内容，对阶段内所学能够有更直观的了解。对时间充裕的学生具有指导意义。教师也能以大纲为指导，细化教学过程，分解教学目标。真正做到了“有据可依、有章可循”。比如初级阶段“学生能够认读汉语词汇 160 个，认读并书写基本汉字 40 个”“能够听懂教师汉语上课用语、问题和 50 句基础日常会话”等。细化的内容还包括本土文化因素和中国文化的融入与对比。比如：学习运动的话题时，将葡萄牙足球、球星、有名的俱乐部融入教学；学习饮食的话题时，融入葡萄牙的红酒和国菜鳕鱼等。

（三）使用多媒体资源辅助教学

《孔院大纲》中每个阶段的教学目标中均设有利用手机 APP 等多媒体资源学习汉语的具体要求，比如：能够运用手机 APP 查找生词；能够利用教学资源中所提供的汉语学习网站熟练掌握声韵拼读；能够在教师指定网站（www. quizlet. com）预习及复习生词等。多媒体教学资源的充分利用为教和学节省了大量时间，也为课堂教学提供了有益补充。另外，汉字是葡萄牙乃至欧洲学生学习的难点，《孔院大纲》在汉字教学中运用多媒体手段，进行“键盘上的中国字”教学实践。充分利用汉字的特点，欣赏汉字之美，用汉字教学促进汉语教学。

（四）阶段性分级对接 HSK

采用阶段性分级，便于调整与分割。根据学生学习时间分散、课外学习时间少、学习动机不强等特点，降低分级要求，每周 4 课时，按 13 周为一个级别，三年共分为六个级别（如表 2 所示），根据学生学习规律和特点，初级阶段夯实基础，达到 HSK 一级水平；由于葡语属印欧语系，采用与汉语差别很大的拉丁字母作为书写系统。HSK 三级开始，试题中无拼音标注。HSK 二级到三级对学生来说是个挑战，摆脱拼音依赖难度较大。因此，考试等级要求不等距分布。按课时对应阶段性大纲，未来如果课时安排进行调整，孔院可以拆分和整合大纲内容，因此，《孔院大纲》的应用度会更高。学习满 300 学时，满足学习要求，学生汉语达到新 HSK 三级水平。教学中融入《通用大纲》和《新 HSK 大纲》所对应的话题和语言知识。这与 2017 年 6 月国家汉办汉考国际中心提出的“考教结合、以考促教”的理念相吻合，教学与考试无缝连接。

HSK 是检验学生学习成果的最直接、可视的阶段性目标，可以增加学习的目标性。

表 2　阶段性分级

级别及名称	课时	HSK 达到对应等级
初级 1 (beginning level)	52	
初级 2 (elementary level)	52	一级
中级 1 (intermediate1)	52	
中级 2 (intermediate2)	52	二级
高级 1 (advanced1)	52	
高级 2 (advanced2)	52	三级

(五)综合测评方式

《孔院大纲》测评环节采用三种形式：诊断性评价、形成性评价、总结性评价。阶段性学习期间，进行三次诊断性评价，了解学生学习状态、对教学环节的感受、知识掌握情况及知识学习上的困难、影响汉语学习的因素，并以话题为单位，结束一个话题的学习后分发自我测评表，便于了解自己的当前学习情况，发现问题便于改进。测评表分为语言知识部分和功能句型部分，能就话题展开简单交际。阶段性学习末，有口试与笔试相结合的综合测试。另外，《孔院大纲》中明确提出课堂展示或任务表演要占评价的一定比重，以此鼓励学生学以致用，增强自信。

四、问题预测及建议

《孔院大纲》的推出是里斯本大学孔子学院教学改革的重要举措，是孔子学院系统、科学、规范教学的纲领性指导文件。但大纲的实施将面临下面的一些问题。

(一)教师解读和应用

《孔院大纲》已经出台，但是否能够具体实施还有待继续观察。葡萄牙教育部 2015 年 10 月出台了试点公立中学汉语课程大纲，涵盖了 9—11 三个年级。该大纲具有法律效力，各试点公立中学应遵照执行。但据笔者调查，大纲颁布至今试点公立中学均没有按照大纲安排教学，都按照汉办教材《跟我学汉语》授课。老师们尚没有认识到大纲的重要性和指导意义，教育部也未就大纲的实施和应用做具体说明，导致了有纲不依的现状。

《孔院大纲》无疑是为指导教学而编制，若要切实发挥指导性作用，需任课教师认真解读，领会大纲教学目标意图并逐一完成，将大纲作为指导和检验教学的工具。严格按照大纲要求合理安排教学内容，做到每项教学内容均为教学总目标服务，才能避免教学的盲目性和随意性。

（二）教材的选择和内容调整

一套与大纲指导思想相吻合的教材是大纲实施的重要一环，理想的做法是编写一套以大纲为指导的有针对性的教材。但孔子学院教师流动性较大，师资多以合作院校公派教师和国家汉办外派教师为主。目前，里斯本大学孔子学院教师均为国内合作院校天津外国语大学派出的教师，任期一般为两年。而教材编写是一个长期的、系统的过程，需要对本土文化和学生特点有更深入的了解。因此，编制教材可操作性较低。里斯本大学孔子学院之前一直选用的是《新实用汉语课本》系列，这套教材是根据结构型大纲编写的，系统性强、成体系，但与孔院交际型大纲的理念有很大差异。可以退而求其次，重新选择一套基本符合大纲整体思路的教材，对该教材进行内容增删、调整，再融入葡萄牙本土元素，如体育文化（足球）、红酒文化、饮食文化、旅游文化、语言文化等等。

（三）教学方法的转变

《孔院大纲》提出了新的教学理念和教学要求。因此，与之相应的教学方法的改变也面临着较大的挑战。里斯本大学孔子学院之前多采用传统听说法、翻译法、情景法、结构—功能—文化相结合的教学法等。如要适应大纲的要求，需要借鉴新的第二语言教学方法。1994 年美国第二语言教育家库玛提出“后方法”的概念，他认为在第二语言教学中没有哪一种方法可以一劳永逸，一成不变。根据教学的内容所运用的教学方法也应该是变化的、灵活的。“教学应该是动态的、开放的、多元的”（李丽，2014）。比如：语法教学中，不同的语法点根据不同的类型选择合适的教学方法给学生讲清楚，有的用“自上而下”的方法，如“把”字句的教学；有的就需要用“自下而上”的方法，如虚词的教学。任务法、活动法以及诸多传统教学法等都可综合运用到实际教学中。

（四）修订问题

《孔院大纲》目前已完成编制，但仍面临教学实践反馈后的修订问题，对大纲内容的评估也是必要的。后期修订需要在教学实践中关注学生感受，教师通过对学生的诊断性评价了解大纲的接受度，孔院通过问卷了解大纲的应用度。最后根据教师反馈、学生反馈制订相应的修订计划。

五、结语

大纲编制是孔院教学规范化的必由之路。《里斯本大学孔子学院汉语课程实施大纲》的编制具有针对性和一定的特殊性，其内容符合葡国学生特点，话题内容融入本土文化元素。因此，该大纲可以指导孔子学院教学实践，提高孔子学院教学质量，实现孔子学院教学的可持续发展，也能为葡萄牙乃至欧盟地区区域性课程大纲的编制和国别化教材的编写提供参考和借鉴。

参考文献

高耀明、叶　颖(2014) 课程实施大纲与高校教学规范化建设，《高等教育研》第4期。

郭素红、吴中平(2012) 留学生汉语需求分析的理论与方法，《汉语学习》第6期。

黄小明(2014) 孔子学院的教学与教学管理的科学化和规范化，《世界汉语教学学会通讯》第1期。

李　丽(2014) 后方法理论视野下的对外汉语文学课教学，《邢台学院学报》第4期。

陆俭明、马　真(2016)《汉语教师应有的素质与基本功》，北京：外语教学与研究出版社。

孙红娟、朱志平(2016) 非汉语环境下汉语教学中的交际任务——以泰国中学汉语教学为例，《国际汉语教学研究》第3期。

宛新政(2016) 瑞典本土化汉语教学大纲的制定及思考，《云南师范大学学报》(对外汉语教学与研究版)第3期。

袁　礼(2014)《基于空间布局的孔子学院发展定量研究》，北京：中央民族大学出版社。

张　会(2016)《国际汉语教学通用课程大纲》应用度的调研，《学术研究》第5期。

(责任编辑：央青)

越南本土汉语教师培养现状

〔越南〕邱月清

提　要　文章以越南两所大学汉语教师培养课程为研究对象，分析其培养目标、课程结构、课程设置等方面的异同。两所大学的课程设置主要由四大模块构成：大纲课程、专业课程、实习及毕业论文（替代课程）。经过分析，本文发现两所大学的课程设置存在一些问题，课程设置与培养目标不符，理论过多、实践过少。

关键词　越南；本土教师；培养课程

On the Present Situation of the Training of Local Chinese Teachers in Vietnam

〔Vietnam〕Khuu Nguyet Thanh

Abstract　The paper discusses the similarities and differences in the curriculum of the Chinese Language Teacher Education at two universities in Vietnam. According to the analysis on the training target, course structure, curriculum design and so forth, the author finds that the curriculum at these two universities consist of outline courses, degree courses, teaching practice, graduation thesis (alternative courses). However, both of them share the shortcomings as follows: the major curriculum is not consistent with the training target and there are much theory study but little practice.

Key words　Vietnam, local teachers, curriculum

多年来中越两国各方面的往来不断加强，越南的汉语学习者也不断增多，这样就需要大量汉语教师来满足需求。本土教师应是解决世界各国汉语传播中汉语教师短缺的必要战略（李东伟，2014），越南也不例外。

越南汉语教学受到许多学者的关注。学者们从不同角度对越南汉语教学展开研究，如汉

【作者简介】邱月清，Khuu Nguyet Thanh，女，越南籍，中央民族大学国际教育学院汉语国际教学方向在读博士研究生。

语教学发展问题、汉语教学问题、汉语越南语对比问题等。现有研究也指出了越南汉语师资存在一些问题，如韦锦海（2004）、伍奇和施惟达（2008）、周偈琼等（2009）、王进（2013）都指出：当前，越南汉语师资缺口大，职称、学历普遍偏低，年龄结构不够合理。越南学者潘其南（1998）指出，越南汉语教师汉语水平有限、教学理念相对落后，不能满足汉语教学各类形式、各种层次的要求；越南学者范氏红玉（2009）指出，目前的越南汉语教师数量少、水平不高、教学方法单一、待遇和职称偏低。

综观相关研究发现，针对越南汉语教师培养的研究非常少。目前只有阮氏玉征（2012）对越南高校汉语课程设置进行分析；刘汉武（2015）对越南高校汉语师范专业的课程进行过分析并提出了相关建议。

一、越南汉语教师现状

目前，在全球“汉语热”的大背景下，缺乏专业汉语教师已成为国际汉语教育面临的新问题。目前越南汉语本土师资队伍非常紧缺，形势不容乐观。

（一）汉语师范方向招生数量总体呈下降趋势

越南招收汉语专业的大学较多，但截至 2016 年只有五所高校开设汉语师范专业，这五所高校分别是河内国家大学所属外国语大学、太原大学、岘港大学所属外国语大学、顺化大学所属外国语大学、胡志明市师范大学。其中，河内国家大学所属外国语大学和胡志明市师范大学一直被视为越南的北、南两地汉语教师的培养基地。

目前，越南汉语高校本科招生人数在一些重点学校比较稳定，个别学校略有下降。例如，岘港大学所属外国语大学中文系，2012 年招生数量为 170 名，2013 年下降到 140 名，2014 年只有 135 名。总体而言，本科生招生相对稳定，但汉语师范专业招生明显降低。河内国家大学所属外国语大学中文系最近四年愿意选择师范方向的学生逐年减少，在每年招收的 180 名学生中，选择师范方向的分别为 156 名、133 名、76 名、58 名，更多学生选择翻译、经贸等方向。北部的太原大学、中部的顺化大学所属外国语大学、南部的胡志明市师范大学也出现了类似情况。与汉语其他方向相比，全国选择汉语师范方向的考生所占比例较低，只占汉语专业中的 13%（阮光兴，2015）。

（二）汉语师资存在失衡、量少质薄现象

胡志明市师范大学中文系副主任阮福禄曾指出，越南的汉语讲师以当地的教师为主，目前急需解决教学质量方面的问题。要改变这个局面，越南应该实施符合越南国情的汉语教师培训计划，并推出相应的资格证书等。还应创造条件让越南教师到中国进行理论学习，或者可以

创立一个对双方都有利的交换生项目。①

越南本土汉语师资“量少质薄”。首先体现在越南汉语教师学历与职称普遍偏低。2004年，越南汉语教师中，最高学历是硕士研究生。如今的情况有所变化，据阮黎琼花(2012)，越南汉语教师队伍中，具有硕士研究生学历的汉语教师占50%以上，拥有博士学位的仅有20人，拥有硕士学位的有152人；本科学历的教师大部分毕业于越南各大院校(占本科学历教师的87%)。研究生阶段，大部分汉语教师选择到中国内地就读、小部分选择到中国台湾地区就读，在中国攻读硕士学位的占比53%，攻读博士学位的占比79%。越南高校职称系列共分三级，包括高级职称(教授、副教授、高级讲师)、中级职称(正讲师、讲师)和初级职称(助教)。到目前为止，整个越南汉语教师队伍中仍然没有教授，仅有两位副教授任教于河内国家大学所属外国语大学中文系。经过多年的努力，越南汉语师资队伍建设取得了明显的成果，但整体而言，师资学历与职称仍偏低。

越南汉语教师队伍在全国范围内分布不平衡，主要集中在大城市、著名的高等院校或历史悠久的汉语培训机构。2015年的统计数据显示(陈灵芝，2016)：河内大学中文系35人，河内国家大学所属外语大学中文系63人，胡志明市师范大学中文系21人，岘港大学所属外国语大学中文系21人，顺化大学所属外国语大学中文系13人。偏远地区高校、民办高校的汉语教师严重缺乏，且教师学历职称偏低。如：潘珠征大学汉语专业汉语教师中，拥有硕士学位的仅1名，拥有本科学历的5名；安江大学、归仁大学(汉语作为第二外语)这两所高等院校只有5名汉语教师；茶荣大学(汉语作为第二外语)仅有1名本科学历的汉语教师(阮光兴，2015)。

师生比例也严重失调。根据教育培训部第1325/BGDD-T-KHTC号公文，大学师生标准比例为1∶22。目前，大多数院校的中文系、中文专业的师生比例都未能达到此标准，大多数学校的师生比例都在1∶30至1∶40之间。

二、越南本土汉语教师培养课程研究

本文对越南河内国家大学所属外国语大学中文系和胡志明市师范大学中文系的汉语教师培养课程的培养目标、课程结构、课程设置各方面进行分析。这两所大学中文系的培养年限规定均为四年，最后一年实习、完成论文或选修替代课程。

(一)培养目标

培养目标关联汉语教学的课程安排、培养方案。在河内国家大学所属外国语大学和胡志明市师范大学的培养方案中都有总体目标，胡志明市师范大学还细分出具体目标。

① 阮福禄博士在2016年世界汉语教学大会的报告提出。

表1　两所大学汉语教师培养目标

河内国家大学所属外国语大学	胡志明市师范大学
培养具有汉语知识，熟练掌握汉语，至少达到汉语水平考试5级的高中、中专教师； 具备教学知识，并能了解学习者； 具有解决问题的能力，交际能力，团队合作能力； 具备研究能力、深造潜能力； 对国内外汉语开展教学的环境有一定了解； 具有社会文化知识； 具有优良品德、职业技能，以便成为优秀教师、优良的汉语及师范专业研究者；	1.总体目标：培养具有本科水准、良好品德、身体健康的人才，能熟练掌握汉语知识与技能、胜任多种教学任务。另外，应具有深造潜能，满足越南融入国际过程中汉语师范专业人才的需求。 2.具体目标：(1)专业知识方面。具有人文社会科学要求汉语专业人士必须掌握的知识，汉语听说读写各技能的知识，汉语语言学知识，中国文化知识，心理学、教育学、教学法知识。(2)品德方面。具有良好的政治品格和职业道德，为人民服务意识、为国家发展事业发展贡献的意识。(3)技能方面。具有本科教育阶段学习及科研基本技能，高中层面的汉语教学技能。

从上表可看出，两所大学对学习者的语言能力、专业能力及社会文化能力都有侧重。它们的汉语教师培养课程也有不同的定位。整体而言，两所大学的汉语课程可以分为三种：

1.重点培养语言能力。培养语言能力意味着培养学习者的听、说、读、写各基本技能。这是汉语教学最基本的要求，是教育目标的微观层面，因此两所大学的培养目标中均有所涉及。胡志明市师范大学比较注重这类技能，在该校的课程设置中这类课程的学分占总学分的42%。

2.重点培养专业能力。专业能力培养应是整个培养课程中的核心，培养内容包括学习者的教学技能、教学测试评估、心理学基础及科研方法等。这是汉语教师的核心知识，也是教育目标的中观层面，两所大学都注重培养学习者的专业能力。

3.重点培养社会文化能力。社会文化能力是运用已有的知识、技能有效地加工社会文化信息，使人格向更加整合、潜能发挥更充分的方向发展(李泉主编，2006)。因此，培养学习者的社会文化能力是教学目标的最高层次。培养社会文化能力的首要条件是开设相关课程，如中国政治、中国历史、中国经济、中国地理、中国文学等课程。河内国家大学所属外国语大学的培养目标中这一类课程所占比重较大。

(二)课程结构

课程结构是整个专业导向的决定因素，也是课程设置的引领者。目前，越南河内国家大学所属外国语大学和胡志明市师范大学的汉语教师培养课程都以学分制来设置。它们的课程结构主要由四大模块组成：大纲课程(包括必修和选修课程)、专业课程(包括必修和选修课程)、实习(胡志明市师范大学包括见习和实习两个阶段)、毕业论文或替代课程。对于专业课程模块，我们按照课程内容把它分成三小块：文化知识课程、语言知识课程、教师技能课程。详见图1。

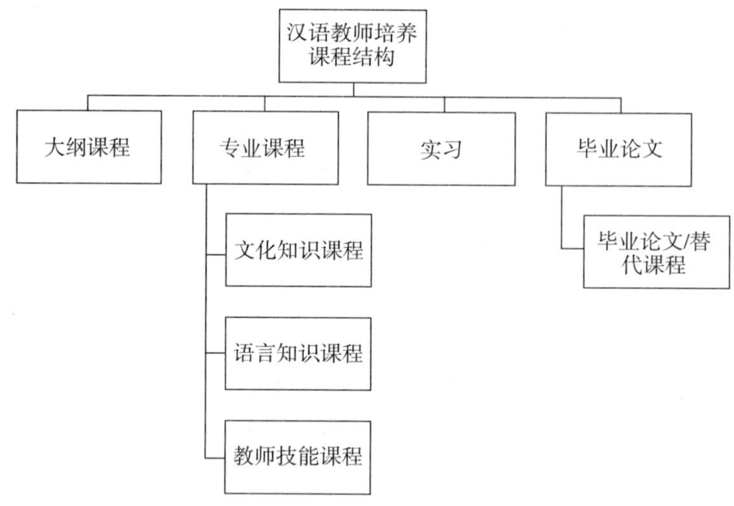

图1　越南高校汉语教师培养课程结构

(三)课程设置分析

两所大学均是越南培养汉语教师的重要基地，课程设置上大同小异。上述四大模块在两所高校汉语教师培养课程分配及其所占的比重如下(图2)：

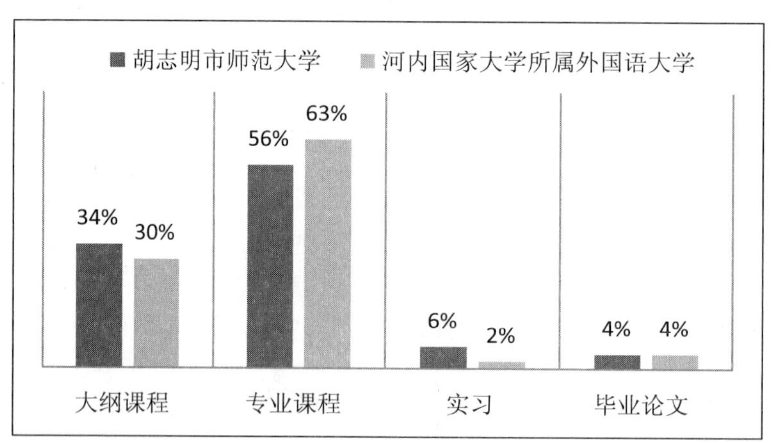

图2　两所大学汉语教师培养课程比例图

图2显示，越南河内国家大学所属外国语大学和胡志明市师范大学的汉语教师培养课程所占的比例基本相同，大纲课程占总课程的32%左右，专业课程占60%左右，毕业论文所占比例一致。相比较而言，胡志明市师范大学更注重教师的实习能力一些，越南河内国家大学所属外国语大学更注重专业知识一些。

各类课程具体学分分布见下表(表2)：

表 2　越南高校汉语教师培养课程学分分配表

<table>
<tr><th rowspan="2">学校</th><th colspan="2">大纲课程</th><th colspan="2">专业课程</th><th colspan="2">实习</th><th rowspan="2">毕业论文</th><th rowspan="2">合计</th></tr>
<tr><th>必修</th><th>选修</th><th>必修</th><th>选修</th><th>见习</th><th>实习</th></tr>
<tr><td rowspan="3">胡志明市师范大学</td><td>47</td><td>0</td><td>53</td><td>24</td><td>2</td><td>6</td><td>6</td><td>138</td></tr>
<tr><td>34.06%</td><td>0.00%</td><td>38.41%</td><td>17.39%</td><td>1.45%</td><td>4.35%</td><td>4.35%</td><td>100%</td></tr>
<tr><td colspan="2">34.06%</td><td colspan="2">55.80%</td><td colspan="2">5.80%</td><td>—</td><td>—</td></tr>
<tr><td rowspan="3">河内国家大学所属外国语大学</td><td>33</td><td>8</td><td>68</td><td>18</td><td colspan="2">3</td><td>6</td><td>136</td></tr>
<tr><td>24.26%</td><td>5.88%</td><td>50.00%</td><td>13.24%</td><td colspan="2">2.21%</td><td>4.41%</td><td>100%</td></tr>
<tr><td colspan="2">30.15%</td><td colspan="2">63.24%</td><td colspan="2">—</td><td>—</td><td>—</td></tr>
</table>

1.大纲课程。在越南，大纲都由学校规定，不同专业设置不同的大纲课程，各院系在制定专业课程的同时，必须遵循所在校开设的大纲课程教育计划，不能做调整或改变。因此，各所大学大纲课程的内容大同小异。河内国家大学所属外国语大学和胡志明市师范大学也不例外，它们的大纲课程主要包括以下四类：政治课、第二外语课（一般为英语）、人文社科课（如越南语、语言学概论、越南文化概论等）、计算机基础。[①] 两者不同之处在于河内国家大学所属外国语大学的大纲课程还包括自然科学类，如高等数学、概率统计等，这有利于培养更全面的汉语教师。胡志明市师范大学没有这类课程，而把大块教育类课程归为大纲课程（占大纲课程的23.40%）。另外，河内国家大学所属外国语大学的大纲课程还分为必修课和选修课，胡志明市师范大学只有必修课。

2.专业课程。专业课程是各所大学汉语教师培养的主要课程。河内国家大学所属外国语大学和胡志明市师范大学的专业课程所占的学分比重分别为63.24%和55.80%，这也是两者在课程安排上差距较大的部分。专业课程中，两者均设有选修课程和必修课程，但两者的选修课和必修课也存在一定的差距，各校专业必修课学分和专业选修课学分之间的比例相差较大。如上文所述，专业课程是由文化知识课程、语言知识课程、教学技能课程三小块组成，河内国家大学所属外国语大学和胡志明市师范大学的专业课具体分布如下（表3）。

表 3　两所大学专业课程分布简表　（单位：门）

<table>
<tr><th rowspan="2">学校</th><th colspan="2">文化知识课程</th><th colspan="2">语言知识课程</th><th colspan="2">教学技能课程</th></tr>
<tr><th>必修</th><th>选修</th><th>必修</th><th>选修</th><th>必修</th><th>选修</th></tr>
<tr><td>河内国家大学所属外国语大学</td><td>4</td><td>8</td><td>10</td><td>0</td><td>6</td><td>9</td></tr>
<tr><td>胡志明市师范大学</td><td>1</td><td>4</td><td>12</td><td>20</td><td>4</td><td>0</td></tr>
</table>

① 军训课和体育课不计算于内。

文化知识课程是指相关专业的文化基础知识，如中国国情、中国文学、古代汉语等，语言知识课程包括汉语听、说、读、写、译各基本技能课程，教学技能包括教案设置、教学方法、测试评估等。根据两所大学的专业课程分布，我们可以看出两者的侧重点不同：河内国家大学所属外国语大学侧重于文化知识方面，在课程设置中开设4门必修课、8门选修课；胡志明市师范大学则明显侧重于语言知识方面，在该方面开设了12门必修课、20门选修课。

3.实习。实习是对学习者教学技能提升的重要途径。实习的目的是为了培养学习者实践操作能力，即具有实际课堂教学的技能。通过实习，巩固和提高课堂所学知识，进一步培养独立工作能力。河内国家大学所属外国语大学和胡志明市师范大学的课程设置中均设有实习项目。但两者对实习模块的分配有所不同：河内国家大学所属外国语大学实习模块只有3学分（占总学分的2.21%）；而胡志明市师范大学则把实习模块分为见习和实习，分别为2学分和6学分（占总学分的5.80%）。可见，河内国家大学所属外国语大学的学习者没有见习机会，实习机会较少。胡志明市师范大学的实习模块设置相对合理，学习者在第三学年的第二学期可以见习，到第四学年的第二学期进行实习，这样可以让学习者循序渐进地获取实践经验，从而做到理论与实践相结合。

4.毕业论文（替代课程）。毕业论文（或替代课程）在河内国家大学所属外国语大学和胡志明市师范大学两所大学中所占的学分比重一样，均为6学分。在越南，不是所有学习者都必须写毕业论文。他们需满足一定条件方可得到撰写毕业论文的资格，若不满足这些条件或满足而放弃撰写毕业论文的学习者可以选修一些课程来代替毕业论文的学分。关于替代课程，胡志明市师范大学明确规定选择范围，而河内国家大学所属外国语大学没有明确规定，学习者只要在专业课程中选择即可。

三、越南本土汉语教师培养课程的存在问题

（一）理论课程偏多，实践课程较少

河内国家大学所属外国语大学和胡志明市师范大学汉语教师培养课程中的实习模块分别是3学分和8学分，分别只占总课程的2.21%和5.80%；而学习者的专业知识课程分别为86学分和77学分。汉语教师的培养最终目标是毕业后学习者有能力参加教学活动，而实习会直接影响学习者毕业后参加工作的能力。

目前越南各院校对见习、实习缺乏认识，没有明确目标和周密计划，只是把它当成学习者毕业前的一门必修课程。作为一门重要的课程，应把见习、实习当作形成性课程分布在整个课程设置中，而非终结性课程；另外，应该调整实习模块在整个课程设置中所占学分的比例。

(二)课程设置与培养目标不匹配

两所大学的培养目标都包含三个层面,即语言能力(微观层面)、专业能力(中观层面)、社会文化能力(宏观层面)。但实际上,课程设置里面,能培养学生社会文化能力的课程(本文命名为“文化知识课程”)特别少,河内国家大学所属外国语大学开设4门必修课8门选修课,胡志明市师范大学只有1门必修课4门选修课。

对于一个语言学习者来说,了解社会文化知识是了解目的语的最佳途径,也是语言学习的一部分。学习者只有同时具备了语言能力、语言交际能力和社会文化能力,才会使自己的人格主体变得更充实、更完整、更深刻、更富有创造性。对外语教师来说,掌握社会文化知识显得尤为重要,因此应该对文化知识模块所占比例进行调整。

(三)调整毕业论文模块

两所大学的毕业论文模块中都提供两种选择:一是达到撰写毕业论文资格然后撰写毕业论文,二是直接选修替代课程。越南目前大多数高校都采用这一模式,而这将让学习者陷入两难——选择撰写毕业论文就不选修替代课程,也意味着他们学不到替代课程的知识,还需要完成毕业论文的重任。因此,许多学习者更愿意选择替代课程,这样既可以增加知识又不用劳累撰写毕业论文。

为了满足学习者的学习需求及达到学校对学习者科研能力的要求,各院校认为应该与时俱进,借鉴学习其他国家的做法,将毕业论文作为获得学位证书的条件之一,学习者都必须撰写毕业论文,而毕业论文所占的学分可以用来开设其他文化知识课程以便学习更多知识,培养更全面的人才。

四、结语

河内国家大学所属外国语大学和胡志明市师范大学是越南北、南汉语教师培养重地,两所大学培养课程的培养目标侧重点不同,导致课程设置出现各有侧重的现象,不能完全贯彻各自提出的培养目标,只能侧重于某一方面。河内国家大学所属外国语大学侧重于培养学习者的社会文化知识,而胡志明市师范大学则侧重于培养学习者的语言知识及实践经验。另外,两所大学都存在重理论、轻实践的问题。本文针对两所大学的培养课程进行分析,难免会与实际情况有所出入,希望后续能结合越南各大院校的实际情况做更深入的研究。

参考文献

陈灵芝(2016) 汉语国际传播视角下的越南高校汉语教学发展研究,中央民族大学博士学位论文。

范氏红玉(2009) 从越南商业大学看越南高校的汉语教学,广西民族大学硕士学位论文。
李 泉主编(2006)《对外汉语教学理论研究》,北京:商务印书馆。
李东伟(2014) 大力培养本土汉语教师是解决世界各国汉语师资短缺问题的重要战略,《民族教育研究》第5期。
刘汉武(2015) 越南高校汉语师范专业课程设置研究,《海外华文教育》第1期。
潘其南(1998) 越南汉语教学概况,《世界汉语教学》第3期。
阮光兴(2015) 越南高校汉语教学现状调查与研究,苏州大学博士学位论文。
阮黎琼花(2012) 越南河内高校汉语教学现状调查,湖南师范大学硕士学位论文。
阮氏玉征(2012) 越南高校汉语课程设置的分析与思考,中央民族大学硕士学位论文。
王 进(2013) 越南的汉语教学,《首都师范大学学报》(社会科学版)第S1期。
韦锦海(2004) 越南高校汉语教学的现状,《广西民族学院学报》(哲学社会科学版)第5期。
伍 奇、施惟达(2008) 越南汉语教学考察,《云南师范大学学报》(对外汉语教学与研究版)第3期。
周偈琼、唐永宝、林 源(2009) 越南三所大学汉语专业本科课程设置评介,《延安职业技术学院学报》第2期。

（责任编辑:刘晶晶）

印尼新生代华裔华文教材认同研究

盛译元

提　要　本文采用问卷调查的方式,考察了 100 名印尼中文学习者的华文教材认同情况。通过对华裔与非华裔被调查者的对比,本文发现印尼新生代华裔的华文教材认同总体上比较消极,对教材的重视程度不如非华裔学习者,对华文教材与汉语教材之间的区别也不敏感,这一定程度上折射出其在华裔身份自我认同方面的矛盾心理。本文研究认为,应重新认识华文教材在教学中的作用,明确华文教材自身定位,并探索"汉语言要素＋文化内容"的华文教材可持续发展路径与模式,尤其要在文化要素的定性定量研究方面下功夫。

关键词　印尼华文教育;华文教材;教材认同;认同

Research on Overseas Chinese Language Textbooks Identity of Indonesian's New Chinese Heritage

Yiyuan Sheng

Abstract　By utilizing questionnaires, we conducted a survey among 100 Indonesian Chinese language learners, in order to understand their overseas Chinese language textbook identities. The results of Chinese and non-Chinese heritage respondents, found that the textbook identity of Indonesian's new Chinese heritage is generally negative. Results also show that Chinese heritage don't value the functions of overseas Chinese language textbook as non-Chinese heritage, and they are lack of sensitivity to the difference of Chinese textbook and overseas Chinese textbook too. This can be understood as a sort of ambivalence of their Chinese heritage identity. Therefore, we suggest buld a new understanding of the roles and positions of overseas Chinese Language textbook, and to explore sustain-

* 基金项目:华侨大学中央高校基本科研业务费资助项目·哲学社会科学青年学者成长工程项目"基于教材评估理论的'国际汉语教材'与'华文教材'体系构建比较研究"研究成果。项目编号:13SKGC－QG04。

【作者简介】盛译元,女,华侨大学华文学院讲师,主要研究方向为华文教育、汉语国际传播。

able development path of textbook such as "Chinese textbook + culture content", and more importantly, to make great efforts to quantitative and qualitative research of cultural elements in overseas Chinese language textbook.

Key words Chinese language teaching in Indonesia, overseas Chinese language textbooks, textbook identity, identity

〇、引言

"华文教育是华侨和海外华人的母语文教育"(郭熙,2015),开展华文教育是侨务工作的重要切入点,是涵养华侨华人认同,营造更宽松、友好的国际舆论环境的有效途径(裘援平,2014)。近些年,海外华文教学的发展空前迅猛,截至2015年,全球华文学校有20,000多所,在职华文教师数十万人,在校学生数百万人,教学层次涵盖从幼儿园到高中各阶段,并逐步向大学延伸。然而伴随华文教育的发展,其自身的弊端和问题也进一步凸显。据"全球汉语教材库"统计,在全球15,000余册汉语教材中,华文教材仅占9.8%(周小兵,2015),怎样编写符合使用者学习需求,质量高、针对性强的华文教材已成华文教育事业发展的当务之急。

纵观文献,针对华文教材的研究不可谓不多。国外针对二语教材的研究成果颇为丰硕,可为华文教材编写提供借鉴,如McDonough & Shaw(1993)论述了语言教材在教学中的地位和作用;Cunningsworth(2002)等的研究将教学法理论融汇于教材编写;Nelly Furman, David Goldberg & Natalia Lusin(2007)则从评价与需求角度讨论如何选择语言教材。国内学者对华文教材的研究分为两类:宏观研究如贾益民(2007)、郭熙(2015)等将华文教材作为华文教育的组成部分加以论述。微观研究中,周小兵(2015)、陈水胜(2010)、陈晓蕾(2015)等分别对教材发展历程与现状进行历时或共时研究;刘潇潇(2009)等针对现有华文教材进行比较研究或定量研究;罗青松(2005)、赵金铭(2009)等研究了华文教材需求问题;郑通涛(2010)、张树权(2014)等对教材本土化问题进行了研究。这些研究极大地推动了华文教材研究的发展,但在一些问题的探讨上仍显不足。如对华文教材的特性,尤其是与汉语教材的本质区别认识依然存在含混之处,另外,从新生代华裔视角出发所进行的华文教材研究也比较缺乏。

本文认为,对华文教材的本质的认识是华文教材研究的基础,通过对使用者视角下的华文教材的内、外特征的态度与评价的考量,我们将能够更加有效地发掘出新生代华裔的教材需求,为华文教材的编写模式研究带来启示。有鉴于此,本文拟以印尼新生代华裔为研究范本,在问卷调查的基础上,对印尼新生代华裔的华文教材认同情况进行定量分析。我们认为,印尼华文教育的历史悠久,近些年发展势头良好,在东南亚乃至世界华文教育中都极具代表性,研究印尼新生代华裔的教材认同情况对海外华文教材认同问题研究极具启发性。本文的具体研究内容包括以下几个方面:(1)印尼新生代华裔的教材认同的特征。(2)华文教材的特征及其在教学中的地位和作用。(3)华文教材未来的发展模式。

一、相关概念、调查对象与研究方法

(一)认同和教材认同的概念

弗洛伊德最早从心理学角度对认同(identity)进行表述,他认为"认同是个人与他人、群体或模仿人物在感情上、心理上趋同的过程"(Freud,S.,1924)。此外,社会学研究者认为"认同是一系列社会角色的统称,包括身份、地位、角色、关系、制度以及其他与个人在社会生活中被认可或分配的社团身份有关的因素"(Ochs,E.,1993);语言学角度的相关研究主要关注认同与话语重构(Jean Parkinson & Alison Crouch,2011)、语言教学(Roberts,E.R.& Phinney,S.J.,1999)以及学习本质(Lave,J. & Wenger,E.,1991)之间的关系。

有关教材认同问题的研究目前十分稀少,有关华文教材认同问题的研究更为少见。本文认为,积极的华文教材认同有助于学习者制定更具现实性、系统性、结构性的中文学习策略,有助于提高学习者的中文学习兴趣,带来积极的学习态度和更佳的学习效果。因此,研究华文教材认同问题可为华文教材的编写提供借鉴,为我们进一步认清华文教材的本质提供参考。

研究华文教材认同可从"教材态度认同"和"教材使用认同"两个方面入手。"教材态度认同"指对教材重要性与特殊性的认识;"教材使用认同"指在学习者整个语言学习过程,尤其是课堂教学活动中教材的使用情况。

(二)调查对象的基本情况

本研究的调查对象为印尼新生代华裔中文学习者。调查共发放问卷108份,回收有效调查问卷100份。调查者中有约96.3%为来华印尼留学生,平均年龄21.7岁。调查对象中华裔共62人,第三代华裔最多,占48.19%;第四代华裔次之,占24.19%;第五代华裔最少,占4.84%。本次调查还回收了作为对照样本的非华裔印尼华文学习者问卷38份,这部分被调查者平均年龄21.6岁,与华裔样本在年龄方面比较匹配。

表1 调查对象华裔代别统计

调查对象	第二代	第三代	第四代	第五代	不知道	合计
人数/人	4	30	15	3	10	62
占比/%	6.45	48.39	24.19	4.84	16.13	100

(三)调查问卷设计

本次调查的问卷设计借鉴了教材编写与评估研究的相关成果。问卷设计初步完成后进行了小范围测试,并做出了针对性的修改,力求保证调查问卷内容的逻辑效度和信度。

问卷共12题,中印双语,以单选题和排序题为主。排序题中选项的平均综合得分是根据所有填写者对选项的排序情况计算得出的,它反映了选项的综合排名情况,得分越高表示综合排序越靠前。计算方法为:选项平均综合得分=(Σ 频数 * 权值)/本题填写人次。例如一个题目共被填写12次,选项A被选中并排在第一位置2次,第二位置4次,第三位置6次,那选项A的平均综合得分=(2*3+4*2+6*1)/12=1.67分。

二、数据分析

(一)新生代华裔对华文教材的态度

为了统计和研究的方便,我们设计了两个问题来调查学习者的华文教材态度:一是请被调查者就教材、教师、教法三个要素在语言学习过程中的重要性进行排序,结果见表2。二是请被调查者就华文教材和汉语教材的区别和使用情况加以判断,结果见表3。

表2 关于教师、教材、教法在教学中重要性的统计

要素	排序	华裔	非华裔
教材	第1位	8(13.1%)	10(29.4%)
	第2位	14(23.0%)	8(23.5%)
	第3位	39(63.9%)	16(47.1%)
	综合得分	5.75	2.7
教师	第1位	34(55.7%)	20(58.8%)
	第2位	20(32.8%)	10(29.4%)
	第3位	7(11.5%)	4(11.8%)
	综合得分	12.5	4.23
教法	第1位	20(32.8%)	6(17.6%)
	第2位	26(42.6%)	16(47.1%)
	第3位	15(24.6%)	12(35.3%)
	综合得分	9.35	2.35

说明:①本题回收华裔有效问卷61份,非华裔有效问卷34份。②括号内为所占百分比。

表2说明：(1)超过半数的被调查者认为教师在语言学习中的地位最为重要。(2)华裔和非华裔学习者对待教法和教材的态度有所不同：32.8%的华裔学习者认为教法处于次重要位置，高于非华裔学习者17.6%的比例；而与之相反，29.4%的非华裔学习者认为教材的作用更为重要，高于华裔学习者13.1%的比例。

表3 关于华文教材与汉语教材区别的统计

问题	华裔		非华裔	
	赞同	反对	赞同	反对
问题1：华文教材与汉语教材应有区别	32(52.6%)	30(48.4%)	25(65.8%)	13(34.2%)
问题2：华裔和非华裔应使用不同教材	19(30.6%)	43(69.4%)	8(21.1%)	30(78.9%)

说明：①本题回收华裔有效问卷62份，非华裔有效问卷38份。②括号内为所占百分比。

表3统计数据说明：(1)有约52.6%的华裔学习者和65.8%的非华裔学习者认为华文教材与汉语教材应该有所区别。(2)69.4%的华裔学习者和78.9%的非华裔学习者反对华裔与非华裔使用不同教材。另外，调查结果还反映出非华裔学习者中赞同问题1和反对问题2的比率均比华裔学生高，这说明他们对华文教材的认同态度相对明显和统一。(3)华裔学习者中赞同华裔和非华裔使用不同教材的比例为30.6%，高于非华裔学习者的赞同情况。

(二)新生代华裔对华文教材的使用

我们从被调查者语言知识的来源、对教材工具性的认识、教材构件在课堂教学中的作用这三个维度考察华文教材在印尼新生代华裔语言学习中的使用情况，调查结果分别见表4、表5和表6。

表4 关于语言知识来源的统计

语言知识来源	华裔	非华裔
华文教材	6(9.7%)	5(13.2%)
家人或朋友	15(24.2%)	1(2.6%)
老师的课堂讲解	25(40.3%)	24(63.2%)
中国电影、电视剧或听中国歌	15(24.2%)	6(15.8%)
其他	1(1.6%)	2(5.3%)

说明：①本题回收华裔有效问卷62份，非华裔有效问卷38份。②括号内为所占百分比。

表4说明：(1)绝大多数被调查者认为他们通过教师的课堂讲解来获取中文知识。(2)“家人或朋友”“中国电影、电视剧或听中国歌”是华裔学习者另外两个重要的语言知识获取资源。(3)13.2%的非华裔学习者认为其语言知识来自“华文教材”，而持这种观点的华裔学习者仅为

9.7%。

表5 关于遇到问题解决办法的统计

查字典	问家人朋友	问老师	查教材	其他
49(77.8%)	2(3.2%)	3(4.8%)	1(1.6%)	0
6(9.5%)	14(22.2%)	4(6.3%)	9(14.3%)	0
6(9.5%)	14(22.2%)	10(15.9%)	0	1(1.6%)
2(3.2%)	17(27.0%)	0	0	1(1.6%)
0	0	2(3.2%)	0	28(44.4%)
4.63	2.29	1.02	0.66	0.52

说明:①本题共回收华裔有效问卷63份,非华裔有效问卷37份。②两类被调查对象差异不大,因此在此仅对华裔情况进行统计。③另外,因为有些问卷排序不完整,表中百分比均以63为基数进行计算。④括号内为所占百分比。⑤最后一行为综合得分。

表5说明:(1)77.8%的华裔学习者遇见不会的字、词、语法等问题,首先会选择查字典。(2)从综合得分看,华裔学习者还可能会求助家人朋友或老师。(3)仅有1.6%的华裔学习者遇到问题会首先到教材中寻找答案。

表6 关于教材构件重要性认知的统计(综合得分)

学习过程	被调查者身份	生词	课文	语法	练习	文化讲解	注释说明
预习	华裔	5.46	4.85	3.79	2.62	1.82	1.49
	非华裔	3.20	2.61	2.33	1.36	1.16	1.08
课上	华裔	5.11	4.51	4.41	2.90	2.05	1.25
	非华裔	3.07	2.44	2.70	1.70	1.20	0.97
复习	华裔	5.26	4.56	4.08	3.26	1.66	1.26
	非华裔	2.84	2.38	2.41	1.89	1.26	1.11

表6说明:(1)被调查者在语言学习各阶段,对教材各主要构件的重要性的认识具有一定的规律性。(2)教材各构件按重要性排序为:生词>课文/语法>练习>文化讲解>注释说明。(3)在"课文"和"语法"这两个教材构件中,"预习"阶段被调查者均更重视"课文"要素;而在"课上"与"复习"阶段,非华裔学习者更关心教材中的语法,华裔学习者则认为"课文"更重要。

三、结果与讨论

以上我们采用问卷调查的方式就印尼华裔的华文教材认同情况进行研究。调查对象中

18—23岁华裔占82.26%，第三代和第四代华裔占72.58%。与老一代移民相比，新生代华裔对住在国的国家认同较强，对祖(籍)国情感则较为疏远淡漠。传承和弘扬中华文化，增进对祖(籍)国的认同感，是对新生代华裔开展华文教育的主要目的，学习使用祖(籍)国的语言，则是实现这一目的的主要手段。本文研究主要揭示了下面几个与华文教材认同相关的问题。

(一)印尼新生代华裔的教材认同观总体表现较为消极

大多数华裔被调查者认为教材在语言学习过程中发挥的作用不大，他们对教材的重视程度不如非华裔学习者。这种情况与教材在教学活动中的作用长期以来不被重视相关。近些年，“以学生为中心”的教学理念日渐流行，语言教学目的越来越强调对学生听说能力与交际能力的培养，课堂教学过程中也越来越强调师生之间的互动。而教材作为对教学内容的呈现，是一套范式、规则和系统，很难在灵活性和互动性上有所突破，更很难像教师和学生那样做到随机应变，这就导致教材逐渐沦为课堂教学的附属品，甚至有极端的，对教材的作用持全盘否定的态度。再从教材使用者的华裔身份看，华裔子女获取中文知识的渠道更多，除了课堂学习以外，与家人和朋友的日常交流、观看中文影视作品、听中文歌等都能潜移默化地增进他们对华语语言知识的获得。即便是处于相同的课堂教学环境中，受华裔族群文化的熏陶与影响，华裔学习者在课堂互动中所能捕捉和获取的语言知识也会比非华裔学习者多。

(二)印尼新生代华裔对华文教材与汉语教材之间的区别不敏感

本文调查显示，华裔汉语学习者对华文教材与汉语教材之间的区别并没有明确的感知。这一方面说明华文教材的宣介力度不够，另一方面也反映出华文教材在自身定位与特色研究方面还有待加强。另外，从数据看，反对华裔学生和非华裔学生使用不同教材的比例高于非华裔学习者，这从一个侧面折射出新生代华裔在自我身份认同方面的矛盾心理。印尼新生代华裔生在印尼、长在印尼，自然不希望被以族裔血统等名义区别对待。但尽管如此，他们与祖(籍)国之间的联系却是原生、天然的。而且，近些年中印两国在经济、民航、科技、教育、卫生、旅游等领域的交流与合作不断加深，中国不仅已是印尼最大游客来源国，还有望“超越新加坡和日本，成为印尼最大的外资来源国”①。通过对被调查者的深入访谈我们了解到，印尼新生代华裔普遍认为会说华语并且了解中国文化，将给他们带来更多机遇。因此，无论从祖籍血亲还是人才竞争抑或经济利益角度，他们又不愿意放弃自己作为华裔的身份优势。

(三)对华文教材在教学中地位的再认识

教材在教学活动中的作用不言而喻，但本文的调查结果提示我们应重新认识华文教材在课堂教学中的作用，因为作为教材使用者的教师和学生对教材作用的认识可能存在极大差异。

---

① 英媒：中国有望成为印尼最大外资来源国，http://world.huanqiu.com/exclusive/2015-06/6696982.html。

本文调查并未涉及华文教师对于教材的认同问题，仅从笔者多年课堂教学的实践经验看，教材在课堂教学活动中的核心作用主要包括：(1)划定教学的范围；(2)呈现教学的具体内容；(3)提供如练习材料、文化点阐释、图片、背景介绍等相关教学材料。此外，有的华文教材还会为课堂教学设定目标，指出完成教学任务的方法和步骤。多数华文教师会以教材为主要依据组织课堂教学，尤其会融会贯通地利用教材中的练习、注释、文化讲解等内容。而从本文调查结果看，在华文教材的各部件中，学习者最重视生词，其次较为关注课文、语法部分，对其他部分的兴趣不大。这种认识的不同说明，华文教材的"好用"应包含两个维度：对学生而言是解决词汇和语法项目的选排问题，对教师而言则是解决提供课堂教学组织的参考的问题。一本好的华文教材必须在这两个方面达到平衡。

(四)"汉语言要素 + 文化内容"的华文教材发展模式

随着汉语逐渐成为世界各国外语教学中的强势语言，近十年来，全世界范围内汉语教材的数量持续增长(盛译元，2012)，但海外华文教材的开发与之相比仍有一定的差距。要解决这一问题，为华文教材发展找到出路，除了从政府层面加大宣传力度，培养积极的教材认同观外，还需在理论层面进一步厘清华文教材与汉语教材之间的区别，明确华文教材自身定位，并在实践层面，探寻华文教材可持续发展的模式和路径。

华文教材是华文课堂教学的工具，是语言知识的载体，首先必须具备一般汉语教材的基本功能。此外，华文教材还是新生代华裔了解中国传统美德、文化成就、日常生活、社会规范等的重要媒介，还必须具有鲜明的文化特色。我们认为，"汉语言要素 + 文化内容"不失为一种可行的编写模式。"汉语言要素"部分可借鉴目前汉语国际教材编写研究的成果，自不多言。"文化内容"部分，未来研究应在符合华文教育学科要求的文化要素的定性与定量研究方面下功夫，还应重点研究如何将文化要素科学、合理地融入华文教材中的方式和方法。

总之，华文教材不仅是印尼新生代华裔学习中文的工具，还是他们了解中国文化的窗口，是帮助他们建立起与祖(籍)国情感的纽带。本文研究揭示，在发挥华文教材推动华文教育发展的作用方面，我们仍有很大的提升空间，编写印尼新生代华裔所需要的华文教材任重而道远。

参考文献

陈水胜(2010) 海外华文教材建设的回顾与展望，《海外华文教育》第4期。
陈晓蕾(2015) 海外华文教材研究状况评述，《海外华文教育》第2期。
郭　熙(2015) 论汉语教学的三大分野，《中国语文》第5期。
贾益民(2007) 海外华文教学的若干问题，《语言文字应用》第3期。
刘潇潇(2009) 海外华文教材语法项目的定量统计与分析，《海外华文教育》第6期。
罗青松(2005) 试论定向华语教材编写的环境因素，《语言文字应用》第4期。
裘援平(2014) 发展华文教育 振兴华文学校，《第三届世界华文教育大会》主旨发言。

盛译元(2012) 2005年以来国内汉语教材研究的现状与问题,《哈尔滨学院学报》第8期。
张树权(2014) 试论海外华文教材本土化新思路,《云南师范大学学报》(对外汉语教学与研究版)第3期。
赵金铭(2009) 教学环境与汉语教材,《世界汉语教学》第2期。
郑通涛(2010) 国别化——对外汉语教学编写的趋势,《海外华文教育》第1期。
周小兵(2015) 基于教材库的全球华文教材概览,《海外华文教育》第2期。
宗世海、刘文辉(2007) 印尼华文教育政策的历史演变及其走向预测,《暨南大学华文学院学报》第3期。
Cunningsworth, A. (2002). *Choosing Your Coursebook*. Shanghai: Shanghai Foreign Language Education Press.
Freud, S. (1924). Group psychology and the analysis of the ego. *Journal of Nervous & Mental Disease*, Vol. 10.
Jean Parkinson & Alison Crouch(2011). Education, language, and identity amongst students at a South African University, *Journal of Language, Identity & Education*, Vol. 10:2, 83 - 98.
Lave, J. & Wenger, E. (1991). Situated Learning Legitimate Peripheral Participation. *Cambridge University Press*.
McDonough, J. & Shaw, C. (1993). *Materials and Methods in ELT*. Cambridge and Mass: Blackwell.
Nelly Furman, David Goldberg & Natalia Lusin(2007). *Enrollments in Languages Other Than English in United States Institutions of Higher Education*. Fall 2006. Modern Language Association. 2007.
Ochs, E. (1993). Constructing social identity: A language socialisation perspective. *Research on Language and Social Interaction*, Vol. 26, 287 - 306.
Roberts, E. R. and Phinney, S. J. (1999). The structure of ethnic identity of young adolescents from diverse ethnocultural groups. *The Journal of Early Adolescence*, Vol. 19.

(责任编辑:央青)

论中华文化国际传播的三个阶段

孙宜学

提　要　在当前经济全球化、文化多元化的背景下，世界各主要国家越来越重视本国语言和文化的国际推广，并视之为国家战略及国家、民族强盛的重要标志。加强汉语与中华文化的国际传播，不仅是提高我国综合国力，扩大我国国际影响力的战略举措，也是维护国家文化安全、实现中华民族伟大复兴的迫切要求。中华文化国际传播需要辩证分析，知己知彼，科学研究，合理布局，创新途径，占据主动，在充分保证中华文化作品质量的前提下，有效、适当、适度借助各种力量，助推中华文化走向世界，也让世界自然地成为中华文化的一部分，最终实现"无国门"的世界化。而要实现这一目标，我们必须科学掌握中华文化国际传播的阶段性特征，从而保证中华文化国际传播的针对性和实效性。

关键词　中华文化；世界化；阶段性

The Three Stages of the International Dissemination of Chinese Culture

Yixue Sun

Abstract　Under the background of economic globalization and cultural diversity, major countries in the world place more and more emphasis on the international promotion of their own languages and cultures, as an important symbol of national strategy and national strength. Strengthening the international dissemination of Chinese language and Chinese culture is not only a strategic measure to enhance China's overall national strength and expand its international influence, but also an urgent requirement to safeguard national cultural security and realize the great rejuvenation of the Chinese nation. Dialectical analysis, knowing ourselves and the opponents, scientific research, rational distribution, innovative ways and taking the initiative are needed for the international dissemination of Chinese

【作者简介】孙宜学，男，同济大学教授，博士研究生导师。主要研究方向为比较文学、海外汉学、汉语国际传播。

culture. On the premise of fully guaranteeing the quality of Chinese cultural works, we should effectively and appropriately use various forces to promote Chinese culture around the world and make the world one part of Chinese culture. To achieve this goal, we must scientifically grasp the stage characteristics of the international dissemination of Chinese culture, so as to ensure the pertinence and effectiveness of the international dissemination of Chinese culture.

Key words Chinese culture, internalization, stage characteristics

近年来,"送文化出国"已成为中国文化国际传播战略的一种手段,并且促成了世界范围内的"中国文化热",成绩骄人。但因为中外文化贸易的不平衡,尤其是中国与欧美发达国家文化贸易的不平衡,中国的文化以及文化产品走向世界,目前总体来看还是"送出去"的多,"卖出去"的少,而被外国人主动积极"买回去"的更少。对此我们也不必大惊小怪。文化的传播历来滞后于政治、军事和经济的输出,所以,只要能保证中国经济持续发展,中国的文化及文化产品的世界之路,目前可遵循这样一条路线:第一阶段——以主动"送出去"为主;第二阶段——以主动"卖出去"为主;第三阶段——能被主动"买回去",进而"融进去"。三个阶段的方法和途径不同,但目的一致,即更稳妥地推动中华文化走向世界,融入世界,影响世界。

第一阶段:"送出去"

"中国男人都有辫子,中国女人都缠小脚",在世界上的一些地区,甚至是发达国家的某些地方,竟然还有外国人这样认知中国。这说明,当代中国的文化形象介绍,还不如清代,因为那时的外国人还知道中国男人和女人的特征。外国人对中华文化的这种隔阂,主要是近代以后,由于种种复杂的原因,中华文化慢慢脱离了世界文化的大家庭,在精神与器物等方面都没有给世界贡献出像中国瓷器、书法一样的具有民族文化特色、也属于世界的文化产品。直到20世纪90年代,中国当代的精神和文化产品才逐步"走出去",引领出世界认识中国的一个新阶段。

但鉴于中外文化交流的严重不平衡,让世界认识中国,任重道远。中国的发展需要和谐的世界环境,中华文化"走出去",有助于世界更客观地了解中国、理解中国;而世界的发展也需要借力中国的发展,只不过目前世界更需要的是中国的经济实力,而对中华文化却多少持警惕之心,甚至会有意无意地妖魔化中国。在这种情况下,中华文化必须主动"走出去",甚至主动"送出去",让世界了解中国。而中国一些传统文化的精华,如京剧、昆曲、越剧等国粹,在国内就已是曲高和寡,要走向世界,更应该主动"送出去",甚至要花些精力、花些钱,在国外培育一批中国传统文化的爱好者、拥趸。

中华文化国际传播目前已上升为国家战略,中华文化传播的形式和内容也在不断丰富、发展和创新，中华文化在世界的影响力和竞争力也在不断增强。但这一成绩的取得，目前主要是靠我们主动“送出去”，而政府则是文化“送出去”的具体设计者，是项目出资方，是项目评判员，也是监督员。中国专门制定了《文化产品和服务出口指导目录》，并据此评选、发布了《国家文化出口重点企业目录》及《国家文化出口重点项目目录》，予以支持。中国政府还通过一些文化推广工程，如组织文艺演出、创办“中华文化节”、“经典中国”国际出版工程、艺术展、电影展、图书展等，在经费上也提供大量支持，强力推动中华文化“走出去”。鉴于中国目前推动文化产品“走出去”的方法不多，渠道不畅，政府的推动客观上让中华文化能有机会“走出去”，这是中华文化走向世界的必要手段，因为只有先“走出去”，才能不断熟悉世界文化交流的规律，不断调整中华文化国际传播的策略和方式，逐步成为世界文化大家庭的一部分。当然，一种文化若一直只能依靠“送出去”才能“走出去”，这样的文化显然是缺乏世界性的，是没有生命力的。所以，中华文化在目前虽然是以“送出去”为主，但在一定程度上开始产生经济价值，已经能“卖出去”了。

客观地说，“送出去”的文化因服从于国家战略，是一项工作和任务，所以，在某种程度上，送出者主要考虑的是如何让外国人看到，至于国外受众究竟喜欢什么，会如何欣赏中华文化，其中哪些内容他们能看懂，哪些会产生误解以及如何消解这些误解，等等，文化送出者并没有付出太多精力，因为他们的工作就是演出，完成任务，更不会有精力和机会追踪“送出去”的文化产生的实际效果，并据此调整内容和方式。比如图书交流，目前中国引进的图书种类丰富，而出口图书却十分有限，在国外卖得最好的中国图书，多是中医养生、茶道插花之类，而反映当代中国社会变化的图书在世界图书市场中几乎没有一席之地。即使我们的经典文学作品，能真正“卖出去”的又有多少？与托尔斯泰、巴尔扎克、安徒生等在国内的认知程度相比，国外又有多少读者知道李白、杜甫、白居易？即使我们引以为傲的“四大名著”，虽然国内、国外都有译者将这些作品翻译出去，但看看国外各图书馆，又有多少收藏了这些书？即使收藏了，再看看借阅量，又有多少人借过这些书？即使借了，到底又有多少人像我们读莎士比亚一样读这些书？……显然，要往外“送”文化，我们首先要学会“送”，从头学起。其中第一步，就是要有意识地换成外国读者的眼睛来选择我们准备“送出去”的文化。比如翻译作品，我们以前常常以为某部经典作品好，就理所当然地以为外国读者也一定会认可其“好”，于是花费大量人力物力孜孜不倦地翻译出来了，也“送出去”了，结果因为不了解国外读者的阅读习惯，以及其当代的语言表达习惯，外国人只能像我们读中国古文一样读我们“送出去”的作品。要读你的书，外国人还得先下功夫去学习古英语、古法语，这岂不强人所难？这种我行我素风格的“一锤子买卖”式的文化输出形式，往往表面上轰轰烈烈，但效果并不理想。有些“送出去”的文化活动甚至最终只能由政府买单，谈不上什么社会效益，更遑论什么经济效益了。

第二阶段:"卖出去"

一种文化若只能依靠"送出去"才能"走出去",这样的文化显然是缺乏世界性的,也是无生命力的。能把文化"卖出去"的国家,一般是占据文化强势地位的国家。美国总统威尔逊曾感叹地说:美国最能干的大使是好莱坞,最有影响力的大使是卓别林。而一种文化产品若能"卖出去",说明这种文化产品一定符合受众需要。所以,文化产品"卖出去",是文化成功的标志之一。

中华文化目前总的来看,还是主动"送出去"的多,"卖出去"的少。就以最活跃的演艺业为例,整个中国的海外商演的年收入的总和,都赶不上加拿大太阳马戏团年收入的1/10。鉴于国际上文化商业对各国文化传播的积极作用,中国也应积极利用自身的文化优势,走以文化产业传播文化的世界之路。而要实现这一目的,只靠政府主导的交流远远不够,因为政府行为是行政化运作,常常是单向输出而非双向合作交流,效果并不明显。因此,还必须以文化商业为主,让文化进入市场,让市场来传播文化。

在文化本身已经成为一种产业的情况下,就文化言商并非不可告人。我们要考虑的是如何在向世界传播中华优秀文化的同时,认真研究国际文化市场,充分尊重外国受众的欣赏习惯和审美情趣,用他们听得懂的语言和方式,讲述中国自己的故事,并把中国故事打造成适合世界的文化产品,积极出口能满足外国受众欣赏口味的文化项目。这也就是说,我们不能仅仅满足于把文化"送出去",更要设法"卖出去",以市场的方式传播中华文化。因为将中华文化"卖出去"是比"送出去"更能推动中华文化走向世界的方式。问题是,谁来卖?如何卖?卖给谁?

毋庸讳言,中国的文化体制改革已是风生水起,成果显著。但迄今为止,尚不能说已建立起完善的支持文化"走出去"的政策体系,也未形成完善的运行机制,且缺乏成熟的市场。目前,中华文化产品"走出去"需要协调外办、外宣办、文化、广电、出版等部门,需要统一的布局,加上资金和前期推介成本巨大,致使很多有志于此的文化企业仍愿意等、靠、要,即使出于各种目的从事了文化产品的外销工作,也因资金与技术等问题而致使外卖文化产品创新少、科技含量低、适应性差,也就谈不上什么影响了。

"卖文化"的主体当然不能是政府,而是既懂文化又懂经营、懂外语会外交、熟悉国际文化市场运作规律的文化商人。目前,不但中国极为缺乏这方面的专业人才,世界上专营中华文化为主的国际经纪机构和经纪人也十分缺乏。所以,中国政府和相关机构、高校应放眼世界,采取各种有效方式,尤其是中外合作培养模式,培养出越来越多具有深厚的中外文化修养和宽广的世界视野、熟悉世界市场规律、具备跨文化交流意识和能力的复合型、外向型人才。

人才需要发挥才能的阵地。政府和各相关机构应提升服务能力,千方百计为"走出去"的文化产品开辟绿色通道，同时加强商贸和法律方面的指导，为文化企业和单位保驾护航。同时推动多种融资方式，可以独资、合资、控股、参股等多种形式，铺设国内外的文化输出平台，打造具有国际影响力的中华文化贸易平台，把中华文化产品"卖出去"。中华文化产业还要实施品牌战略，打造出一批精品，形成系列和规模，并以优质的产品、出色的服务和中国的理念，凝聚中华文化产品的冲击力量。

政府还应积极引导、鼓励民间资本、社会资本参与到向世界"卖文化"的行列之中，并发挥其灵活机动的优势，与国家资本相辅相成，互为补充。这样既能扩大中华文化"走出去"的范围，也能形成合力，形成规模，凝练品牌和知名度，共同创造社会效益，分享经济效益，增强国际竞争力。如江苏省与美国林肯表演艺术中心合作，共同打造了一台中西文化合璧的大型音乐杂技剧《猴·西游记》，于2013年在林肯中心艺术节上演，创下了连演27场的新纪录，并因为运用了与世界接轨的商业运作方式而获得了可观的经济收益。苏州昆剧院也曾以完全商业演出的形式，将青春版《牡丹亭》"卖"到欧洲等地，创造了中国艺术团体海外商业演出的一项纪录，而在成功的商业运作中，也实现了对中国传统艺术的介绍。

在世界文化市场严重不对称的格局下，西方高度成熟的文化市场已形成一道很高的门槛，我们的文化产品要能跳过这道门槛就很不容易，要学很多陌生的东西，如西方主流文化的表达方式、规则及运作流程，西方媒介的传播流程、传播规律、传播模式、市场规律；也必须丢掉很多熟悉的东西，如不遵循市场规律、过于依赖政府主导等。但中华文化产业必须经历这样一个痛苦的过程，阵痛过后，才有可能见到馨香的新生儿。如新华社为了回应西方媒体妖魔化中国的倾向，开办了英语电视台（CNC），以与西方主流电视媒体争夺中国形象塑造权，积极地在已成熟的西方文化市场中找寻对话和发展空间，争取有机会用世界方式表达中国自己的立场，传达中国的声音，推动世界能以更客观、公正的视角看发展变化中的真实的中国，取得了很好的效果。

第三阶段："融进去"

中华文化产品真正走向世界的标志，当然不是仅仅将文化产品"卖出去"，及在西方文化市场上能看到中国的文化产品，让外国人愿意主动"买回去"，而是让中华文化产品成为外国人身边的日用品、必需品。换句话说，使中华文化成为外国人日常生活中自然的存在，成为柴米油盐醋一样的生活必需品。而要实现这一目标，还得能让中华文化产品"融进去"。2010年9月，时任文化部部长蔡武曾提出过中华文化"融进世界文化"的基本要求，即"要跳出华人圈子，深入西方主流社会"，就是说不能只满足于让中华文化产品的影响仅限于海外华人的生活圈，更要设法让中华文化产品成为西方人生活中不可或缺的一部分。现在，通过孔子学院、海外演出、展览等途径，我们"送出去""卖出去"的文化已经为中华文化融入外国人的生活做了很好的铺垫,已培育了一批喜欢中华文化、理解中华文化的西方受众,这为中华文化企业创造和传输能够融入海外世界的文化产品创造了有利的环境和条件。

近年来,为了推动中华文化产品“融入”西方主流社会,中国政府也一直在努力,如设立境外文化处,扶持培育文化出口重点企业、重点项目,包括打造国际知名大型出版传媒企业。这些举措无疑会有益于中华文化产品融入西方市场。随着中华文化贸易的逐步深入,随着中华文化逐步融入全球文化与经济一体化的大世界,中华文化产业“融进世界”的脚步一定会越来越快。

当然,我们重视中华文化产品能够“卖出去”“融进去”,并不是说我们的文化产品就不能“送”了。实际上,“送”和“卖”都只是中华文化走向世界的途径,而最后究竟能不能“送出去”“卖出去”,关键是靠我们文化的内容,靠我们的文化所依托的国家实力。外国人买了有没有用、好不好用,等等,都直接取决于我们的文化产品的文化含量和质量,以及我们的文化产品是否能给使用者带来生活的愉悦,等等。对这些,我们都必须要有心理准备,并有相应的对策。

（责任编辑:央青）

汉语国际传播视角下中华文化在缅甸北部影响研究

〔缅甸〕瞿玉蕾

提　要　缅甸北部地区汉语与中华文化传播既有典型性,也有特殊性。本文研究中华文化在缅北的影响,包括华人社团与华文教育中的文化教学,缅北地区华人保留的中华文化节日习俗等。并提出加强中华文化在缅北持续影响的建议:尽快使华文教育合法化;建立更多孔子学院(课堂),传播汉语与中华文化;加强中缅文化交流,提升中华文化影响力;华人社团积极国际化与当地化,持续加强在当地的影响力。

关键词　缅北;华人社团;华文教育;中华文化影响力

A Study on the Influence of Chinese Culture over Northern Part of Myanmar from the Perspective of Chinese International Communication

〔Myanmar〕Nang Yu Thandar Lwin

Abstract　The condition of Chinese language communication and Chinese culture in the northern part of Myanmar is typical and also special. This paper analyses the influence of Chinese culture, including Chinese community and Chinese cultural education, Chinese cultural festivals and customs reserved by the Chinese in the northern part of Myanmar, by using the methods of literature analysis, interview and case analysis. The findings of this paper put forward some suggestions to sustain the strong influence of Chinese culture over the northern part of Myanmar: to legalize the Chinese education as soon as possible, to design the establishment from top-level, to establish more Confucius colleges to spread out Chinese culture, to strengthen bilateral cultural exchanges to enhance influence of Chinese culture, to make Chinese community become internationalization and localization, so that

---

【作者简介】瞿玉蕾,Nang Yu Thandar Lwin,女,缅甸籍,中央民族大学国际教育学院国际汉语教学专业在读博士研究生,主要研究方向为汉语国际传播。

can strengthen the local influence continuously, etc.

Key words northern part of Myanmar, Chinese community, Chinese education, influence of Chinese culture

由于独特的地理因素和历史因素，缅甸的汉语传播独树一帜，尤其是缅北地区的汉语与中华文化的传播，其特征可归纳为：汉语作为重要的通用语言；汉语和其他语言作为母语群体处于共生状态；在部分学校作为母语教授；华文媒体在社会中处于重要地位，以及汉语在该国的传播具有完备的体系和研发能力（吴应辉，2013）。

目前，有关缅甸华人概况与特点、缅甸华侨华人及社团现状、缅甸的华文教育或汉语作为第二语言教学等问题，学者们进行了一定的研究。关于中华文化在缅甸北部影响的研究则鲜有涉及。研究文化教学与影响不仅可以让缅甸的华文教育界重视中华文化的教学与传播方式，也能够为国别汉语传播中的文化传播与提升影响力增加案例。本文使用文献分析法、访谈法、案例分析法等研究方法进行探讨，并在此基础上提出加强中华文化在缅北持续影响的建议。

一、华人与华人社团在缅北的影响

2015年世界人口网的调查结果显示，华人华侨人口占全缅人口的3%，祖籍福建、广东、云南等地。由于地理和历史原因，缅北地区云南（滇）籍华人居多。华侨华人既是中华文化的继承者、传播者，也是联络与增进祖籍国与所在国人民的关系、联络外国主流社会的桥梁与渠道（金程斌，2015）。华人在中外文化交流方面起到了举足轻重的作用。中华文化的影响力，从华人华侨在所在国组成的社团、文化交流活动中可见一斑。

（一）华人社团的组成与特征

历史上，缅甸的华人华侨都以经商为主。中缅1950年6月8日正式建交，两国以“胞波”互称，合作关系顺利发展。进入21世纪以来，随着中国经济的快速发展，中缅友谊深化，两国友好往来逐渐增多，在经贸合作方面取得了突飞猛进的发展，在文化交流方面也取得了一定的成果。

“华人社团是华侨华人社会的三大支柱之一。目前全世界大规模的华人社团大约有25,000个。这些社团在团结服务侨胞、联络亲情乡谊、增进与当地人民友好等方面发挥着重要作用。”（金程斌，2015：31—37）缅甸最早的华人社团是从同乡会、会馆开始的，如云南同乡会、福建同乡会、福州三山同乡会、两广同乡会、潮州会馆等。缅甸有华人的城市都有同乡会社团，少则一两个，多则十几个。

随着华人人数的增多，社团形式也丰富起来，从最初的同乡会，发展为宗亲会，如张家宗会、杨家宗会、李家宗会等；商会及同业会（缅甸华商商会）、帮会社团、校友会，如腊戌果文学校校友会、腊戌果邦校友会、东枝兴华校友会等；庙宇宗教团体、文教团体，以及慈善团体，如华侨救济委员会；妇女会，如缅华妇女协会、曼德勒妇女会、东枝妇女会、腊戌妇女会等，社团一共400 多个。

（二）华人社团的影响

华人社团设立的初衷是为联络同乡，影响并不大。随着缅甸经济的发展，华人经济实力逐渐增强，教育水平和文化素质逐步提高，华人社团形式也逐渐丰富，影响力逐步提升。华人社团越来越多地参与文化交流、联谊等活动。2007 年仰光媒体集团成立了《金凤凰》中文报社，《金凤凰》是目前缅甸唯一的中文报纸。

根据英国慈善援助基金会 2015 年发布的报告，缅甸荣登全球最乐善好施的国家排行榜榜首。缅甸华人子女从小耳濡目染，积极参加慈善活动。华人社团中不仅有专门成立的慈善团体（华侨救济委员会），其他社团也都会不定期举行慈善活动。

为了使中缅友谊得到进一步的巩固与发展，不同华人社团之间合作也在不断加强。缅甸中华总商会成立至今已有百余年的历史，在缅华社会中起着重要的引领作用。为积极响应中国的“一带一路”倡议，“缅北中华商会”于 2016 年 1 月 17 日成立，体现了缅北华人的凝聚力。

缅甸华人社团历经几十年的发展，组成方式由单一至多元，参与人数日益增多，规模越来越大，社团间合作交流日益频繁，发展方式日趋成熟，同时与中国交流渐多，充分发挥出了华人社团作为桥梁与纽带的作用。

二、缅北华文教育中的文化教学与传承

（一）缅北华文教育概况：“三教”与教学环境

1.软环境缺失，硬环境薄弱。

华文教育是华侨和海外华人的母语文教育（郭熙，2015），教学目标上，学习者除了要掌握汉语知识和基本技能，还要保持和发扬中华文化，培养并丰富学习者的中华文化品格（郭熙主编，2007）。缅甸的华文教育以传承与弘扬中华文化为目标，自 20 世纪 90 年代以来逐渐发展壮大。在缅北地区，中缅边贸的发展带动了华文教育发展。在缅北果敢特区，华文教育以“果敢语言文化学校”（果敢民族为缅甸少数民族之一）的形式得到了政府的特许，但在其他地区，由于历史、政治等客观原因，华文教育并没有得到政府的认可，只能以佛经学校、补习学校等形式在夹缝中生存。

目前，缅甸政府对华文教育基本尚采取“睁一只眼闭一只眼”的态度，既不支持，也不反对。缅甸华文教育的“软环境”缺失，华校大部分是在不合法的情形下开办的，学校缺乏法律和政策保障，授课只能选择在缅文学校正常授课以外的课余时间，缅文学校放暑假（每年三月初至五月底）时才能全日制授课。因此，“软环境”层面的“语言政策”，即缅甸政府是否允许华文教育合法化是华文教育可持续发展的关键因素。

“硬环境”方面，政府对华校的校舍、图书、教学设备、经费和人力投入均不提供支持或补助，建华校的土地、校舍、教学用品和教学资源等都靠当地华人华侨集资。可以说，缅北的华文教育主要是民间力量在主导。

2.教材使用多样化。

缅北的华校大多采用两种教材：中国台湾版教材和中国大陆版教材。中国台湾版教材包括小学部的《国语》《数学》《生活》《健康》和《社会》，初中部的《国文》《英文》《数学》《生物》《自然与生活科技》《社会》和《化学》，高中部的《国文》《物理》《化学》《数学》《生物》《英语》《地理》《历史》《国学概要》和《应用文》等。中国大陆版教材主要有小学部的《汉语》《数学》《中国常识丛书》（包括《中国地理常识》《中国历史常识》《中国文化常识》）等，初中部的《汉语》《高级口语》《趣味汉语》《桥梁》《古代汉语》和《中国常识丛书》。每所学校会根据自身的师资力量和办学模式来安排科目和课时量。

3. 师资水平逐步提高。

在缅北地区华文教育发展过程中，华校领导们逐渐意识到，提高教师的专业素质水平是提升教学质量的关键，尤其是要积极培养本土教师，提高本土教师的水平和能力才是华校长期生存下去的方法。[①] 目前，缅北地区的各个华校开始加强培养本土教师，比如把所在地区的教师派到中国大陆参加各种短期或长期汉语教师培训班。与此同时，每年暑假和寒假都有中国大陆或台湾地区的学者赴缅进行师资培训。此外，每年缅甸曼德勒福庆孔子课堂都会举办本土教师培训班，华校每年也都会接受一批中国汉办选派的汉语志愿者教师。总而言之，专业教师带动了本土非专业教师教学水平的提升。

4.教学法单一，形式需多元化。

受传统文化的影响，在缅甸社会中，教师的地位非常高，课堂上教师具有绝对的权威，学生唯教师是从。缅甸的课堂大多以教师为中心，教学法以教师主导的传统讲授法为主。由于通信、资讯相对落后，受到客观条件限制，加上大部分教师没有受过系统的专业训练，缺少学术交流的研讨平台，教师较少接触新型教学法和先进的教学理念，教学方法单一。长此以往，不利于华文教育质量的提高。

---

① 根据对缅甸东枝兴华学校董事会副董事长李祖韬先生的访谈，2014 年 12 月。

(二)文化传承与传播的重要形式:中华文化教学与活动

1. 课堂内的中华文化教学。

文化教学与语言教学密不可分,海外华文教育更是传播汉语和中华文化的重要渠道。从缅北华校的课程设置与使用的教材来看,大部分学校都开设了中华文化相关课程,包括文化知识课与文化才艺课(书法课、音乐课、太极课等)。使用的教材为《中国常识丛书》(包括《中国地理常识》《中国历史常识》《中国文化常识》)。

文化教学时,教师们会根据自己的阅历、知识储备与教学经验,采用不同的方法,根据笔者的访谈可知,教师们常采用以下方法:

(1)讲解法。东枝市兴华学校的段老师教龄 11 年,从幼稚班到小学部五年级都教过,教过的科目有《社会》《健康教育》《生活与伦理》等,目前教小学部五年级的《社会》与《健康教育》。在《社会》课中涉及很多中华文化的项目,如中国历史、中国地理、中国各民族的风俗习惯等。教授有关中华文化的内容,她会结合自己在中国培训时的经历与感受讲解,激发学生的兴趣。例如:讲解中国历史中关于抗日战争的内容时,她就会展示一些从中国博物馆拍回来的照片,让学生加深了解。在暑期教学时间比较充裕时,她会让学生观看一些和中国历史、中国地理以及中国民族风俗习惯相关的影视作品,以直观的方法让学生了解更多的知识。

(2)互动式教学法。文化教学时要和学生多交流、多沟通,以"互动式"的教学法来进行教学,如果有条件,可以带领学生以"体验"的方法,运用多媒体设备来教学。"我会学习志愿者的方式,在课堂上以做游戏的方式将中华文化教给学生。如果在教学时能够运用多媒体设备,那就会更好。我还会介绍一些和中华文化相关的网站、手机软件等。"[①]互动式教学法是年轻教师、到中国培训过的教师经常使用的。

(3)典故教学法。黄老师已有二十多年的教龄,教学经验非常丰富,目前在东枝东华学校教初二与初三的文化课程。在教学过程中,黄老师发现,如果按照教材按部就班地进行教学,学生会感觉很闷,提不起兴趣,尤其是关于中国历史的部分,有些内容比较枯燥,要适当加入一些相关的比较有趣的小故事,比如:中国远古神话中有关黄帝大战蚩尤的那段历史,就可穿插当时使用"指南车"的情况;讲解"三国演义"时将"三顾茅庐""桃园三结义""望梅止渴"等历史小故事融入教学;讲解唐朝服饰时可给学生讲讲"纨绔子弟"的由来,这样可以激发起学生的兴趣,教学效果也会有所改善。

(4)对比法。"中国有很多的节日习俗其实和缅甸很相似,比如中国有元宵节,缅甸有点灯节;中国人在过年的时候会去给长辈拜年,缅甸人在泼水节新年的时候也会去长辈家拜访,送礼物。我们在介绍有关中国习俗和传统节日的时候就可以和缅甸文化进行比较,有对比就可

① 根据对兴华学校中文教师段老师的访谈,2015 年 1 月。

以发现差异，就能够让学生更容易记住。”[①]目前，缅北华校的学习者大都是第三代或者是第四代华人，他们从小耳濡目染缅甸的文化，在讲授中华文化时，就可与缅甸文化相似的地方做对比。

2.课堂外丰富多彩的中华文化活动。

文化活动是学习者体验中华文化的重要方式，从举办文化活动的规模可以看出中华文化在该地区的影响是否有所提升。目前缅甸举办的大型中华文化活动有“汉语桥”和“中华文化知识竞赛”两大项。其中，汉语桥比赛因参赛人数的限制无法看出规模，但是缅甸参赛选手都在半决赛或决赛中获得了优异的成绩。

中华文化知识竞赛自2007年开始举办，目的在于让海外华裔青少年在校学生能够更深入地认识中华文化，读懂中华文化，让海外中华文化能一代接一代地传承，使文化不间断，让居住在海外的华裔青少年能重新认识祖籍国，让老一代华人华侨重新认识不一样的中国。此外在竞赛中获得优秀的参赛者可以到中国大陆参加冬令营或夏令营，亲身感受和体验发展中的中国，回国后把所见所闻分享给更多愿意学习中华文化的各个民族。参赛人数呈逐年上升的趋势（见表1），可见缅北地区的华文学校越来越重视该赛事。举办此类文化活动在文化传播和传承方面起到了重要的作用。

表1　缅北地区2007—2011年参加中华文化知识竞赛人数[②]

年度	人数/人
2007年	3408
2009年	5753
2011年	7529

三、中华文化保留较为完整，影响深远

缅北地区和中国接壤，居住环境相对封闭，很多传统习俗在缅北地区保留了下来。

春节。春节是中国人最隆重的节日之一，已成为中华文化的特殊符号，每年世界各地的华人华侨都会举行各种活动来庆祝。缅北地区华人集中的城市，如腊戌、密支那、八莫、东枝、彬乌伦市等地的各大华人华侨社团都会举办“春节晚会”。春节晚会上会有华文学校的学生表演中国传统民族歌舞、歌唱中文歌曲等。当地华人华侨在过春节之前置办年货、大扫除、祭灶、贴春联、准备年夜饭等。大年初一一般都会前往当地的大乘佛教寺庙，如腊戌市的市民会去观音山拜佛，老年人常会去凌丰寺、圆通寺、龙华宫等寺庙吃素；东枝市的华人会去灵山寺、观音寺

① 根据对兴华学校中文教师罗老师的访谈，2015年1月。

② 数据来自缅甸金凤凰中文报刊网站：http://www.mmgpmedia.com。

等地方拜佛。大年初二会去亲戚家拜年。华文学校也会组织师生们去华人华侨家唱歌拜年。

中秋节。和春节一样，中秋节自古以来就被赋予了“团圆”的意味，世界各地的华人也都非常重视中秋节。缅北地区还保留着吃月饼、赏月等习俗，还发展出了当地的月饼品牌“新月楼”。中秋节当天，华文学校会放假以让学生欢度佳节。一些华文学校、华人社团还会举办“中秋节同乐会”等活动。

清明节与中元节。清明节与中元节是华人华侨缅怀先人、祭祀祖先的节日，此习俗也被缅北地区华人很好地保留了下来。华人都会在清明节前后扫墓祭祖。中元节时，华人家庭一般会在家里做好酒菜汤饭等，每日祭祀数次，有的家庭祭祀长达十五天，而有的则会酌情递减。

四、提升中华文化在缅北持续影响力的建议

缅北地区中华文化传播与传承面临着一些比较突出的问题，包括华文教育的地位尴尬、文化教材匮乏、教师专业水平有待提高、华人社团国际化程度不高等。2016 年昂山素季领导的民盟已成为新的执政党，缅甸改革开放势在必行，各国纷纷在缅甸开展经贸投资活动。中国目前仍是缅甸最大的贸易伙伴，在中国“一带一路”倡议下，中缅合作需要一大批既通晓汉语也通晓当地语言的人才，因此无论是汉语作为第二语言教学还是华文教育在缅甸都大有可为。为此，笔者从缅甸本土汉语教学工作者的角度，提出几项针对性的建议。

（一）尽快使华文教育合法化，将华文教育纳入缅甸教育体系

缅北地区的华文教育已经有了一定程度的发展，具备良好的基础。目前缅北华校一般是以佛经学校、民族语言学校等形式存在，处于缅甸教育制度之外，地位尴尬。只有使华文教育合法化，才能摆脱目前地位尴尬的局面，许多问题也才能迎刃而解。

（二）建立更多的孔子学院（课堂），进一步推动汉语与中华文化的传播

目前，缅甸仅有三所孔子课堂，分别为中部曼德勒的福庆孔子课堂、南部仰光的福星孔子课堂与东方孔子课堂。缅北地区尚未设立孔子课堂或孔子学院。缅北目前有十多所公立大学，未来也可与中国的大学合作开办孔子学院，通过孔子学院这个平台，加强与中国在教育、文化方面的交流。同时，让想学习汉语的缅甸各界人士能学习汉语，从“华人学汉语”变成“人人学汉语”。

（三）加强中缅文化交流，提升中华文化影响力

文化无国界。在科技发展日新月异的 21 世纪，国与国之间的密切交往尤其需要具有跨文化交际意识和能力的人才。缅甸的国际化程度会越来越高，在进行语言交流时，更要有文化交

流。在中缅两国的交流中，举办大规模的“文化中国”各种项目演出活动，让更多的人能够体验与了解中华文化。

（四）华人社团开展国际国内交流，提升在当地的影响力

华人社团可与中国政府和民间机构加强在经济、贸易、教育、慈善、宗教等方面的交流，同时也要积极融入当地，与当地民族加强交流，避免发生不必要的冲突。华人社团还应与当地的民间艺术团体、教育团体、慈善团体等加强合作，共同搭建联谊和艺术交流的平台，发挥联络、服务、宣传、协调等积极作用。

参考文献

陈仙卿（2014）缅甸华人与华文教育发展状况，《红河学院学报》第 6 期。

成巧云、施　涌（2011）缅北地区华文教育的现状与问题，《海外华文教育》第 4 期。

郭　熙（2015）关于新形势下华侨母语教育问题的一些思考，《语言文字应用》第 2 期。

郭　熙主编（2007）《华文教学概论》，北京：商务印书馆。

金程斌（2015）新时期华侨华人与中华文化传播管窥，《华侨华人历史研究》第 2 期。

瞿玉蕾（2015）缅甸东枝华文中学中华文化传播现状分析，中央民族大学硕士学位论文。

吴应辉、杨叶华（2008）缅甸汉语教学调查报告，《民族教育研究》第 3 期。

吴应辉（2013）《汉语国际传播研究理论和方法》，北京：中央民族大学出版社。

许　菊（2000）文化适应模式理论述评，《外语教学》第 3 期。

钟智翔等（2012）《缅甸概论》，广州：世界图书出版公司。

（责任编辑：尹春梅、伍晨辰）

缅甸学生习得汉语介词“跟”的偏误分析

〔缅甸〕粟明月

提　要　本文将母语为缅甸语的学生使用汉语介词“跟”时出现的偏误归纳出四个偏误类型，并依据中介语理论和偏误分析理论进行分析。通过汉语和缅甸语对比，分析“跟”和缅甸语对译词在语义、句法上的区别和联系，从母语负迁移、目的语知识的干扰、汉语教材以及工具书的考察方式揭示导致这些偏误的原因，并对介词教学以及教材与工具书的编写提出一些建议。

关键词　缅甸学生；汉语介词；偏误分析

The Analysis of Errors in Myanmar-speaking Learners' Acquistion of Chinese Preposition “跟”

〔Myanmar〕**Thandar Oo**

Abstract　In this paper, we found that the most common types of errors by Myanmar students in the acqusition of Chinese preposition “跟” include preposition redundacy, misuse, omission and word order mistake. In order to reduce the erros made by Myanmar learners, this paper also proposes some suggestions.

Key words　Myanmar students, Chinese preposition, error analysis

〇、引言

由于汉语没有严格意义的形态标志和形态变化，语法意义主要靠虚词来表达，虚词是汉语语法的重要成分。介词是虚词的一类，意义抽象，运用复杂，特别是一些表义相近的介词，有时

【作者简介】粟明月，Thandar Oo，女，缅甸籍，中央民族大学国际教育学院国际汉语教学专业在读博士研究生，主要研究方向为国际汉语教师、教材、教法。

可以互换，有时不能互换。这使留学生习得困难，在运用过程中也常常出现偏误。赵葵欣(2000)发现介词“跟”是汉语中最常用的介词之一。高霞(2015)提到过介词“跟”是外国学生使用介词过程中偏误出现率最高的介词之一。

对外汉语界一直重视介词“跟”的研究，研究范围主要集中在偏误分析、习得情况考察、介词教学研究等。赵葵欣(2000)探讨了留学生“跟”与“和”的使用变化，崔希亮(2005)从欧美学生汉语学习情况分析介词“跟”相关的问题，何薇(2004)分析了汉语常用对象类介词“对、跟、向、给”，高霞(2015)比较了英、日学习者汉语介词“跟”的偏误情况，李建慧(2004)、吴成焕(2006)、李珊(2008)、伊万娜(2012)等调查了越南、韩国、泰国、塞尔维亚学生介词“跟”的偏误情况。但是我们搜集到的资料中，缅甸学生习得汉语介词“跟”的相关研究几乎没有，只有苏月娥(2012)涉及介词“跟”的偏误，但是研究范围较大，针对性不强。

本研究调查分析缅甸学生习得汉语介词“跟”的偏误情况以及偏误产生的原因，以期为缅甸汉语教学提供参考资料。

一、语料来源及问卷设计

本研究从两个渠道获取研究材料。第一是通过北京语言大学《HSK 动态作文语料库》，搜集缅甸学生习得汉语介词“跟”时出现的偏误。第二是问卷调查的方式。问卷设计为两部分，一部分是关于被试者的基本情况，如性别、年龄、学习汉语的时间、是否参加过 HSK 等。另一部分是以汉语介词“跟”为研究对象，在已有研究的基础上，结合缅甸学生学习汉语情况编写的条目，问卷包括两个题型：一是选择题，提供四个选项，答案唯一。二是翻译题，把简单的缅语句子翻译成汉语。学生答对会得 1 分，答错或留空不得分。本研究调查的被试者为曼德勒外国语大学中文专业二年级和三年级学生。本研究调查问卷共发放 84 份，回收问卷 84 份。

二、汉语介词“跟”与相应缅语对译词的比较

(一)汉语介词“跟”的描写

介词“跟”的基本语义范畴是“共同或协同”，“跟”前后的主体与客体共同去做某一件事，因此“跟”的语义特征是“双向性”的。按照与“跟”所搭配的谓词不同，“跟”的语法意义也会出现六种不同的情况。这里我们分别归纳为“$跟_1$、$跟_2$、$跟_3$、$跟_4$、$跟_5$、$跟_6$”。

$跟_1$：主要表示协同。与“$跟_1$”搭配的大部分动词，如“走、去、吃饭”等都是具体的动作性动词。它们在句中常常与“一块儿、一起”等表示总体范围的副词一起出现。如：

(1)他跟姐姐一起上学。

跟$_{2}$:主要表示共同,主语和宾语共同进行某一个事情。所以谓语动词都是表示双方共同参加、互相有交流的双向性的动词。如:

(2)王经理笑着跟我握了握手。

跟$_{3}$:引进关联的对象。表示主语与宾语之间有没有某种关联性。如:

(3)这件事跟我无关。

跟$_{4}$:引进比较的对象。它的用法有两种:一是与动词“比、比较、相比”等构成比较性的介词短语;二是与“一样、不一样、相反、差不多”或“(没)有 + 表示区别的词”造成比较句。如:

(4)跟过去相比,现在的生活好多了。

(5)这本书的内容跟那本书的内容有什么区别?

跟$_{5}$:主要作用是为了引进与动作相关的对象。如:

(6)你马上去跟他道歉。

跟$_{6}$:引进动作行为所涉及的事物的来源,“从……那里”的意思。“跟$_{6}$”搭配的动词都是具有取得意义的,如“学、要、借、打听、取、买、索取”等。如:

(7)我要跟张老师学习英语。

(二)缅甸语成分助词

在缅甸语里,与汉语介词对译的词类是成分助词。缅甸语跟汉语一样缺乏严格意义的形态标志和形态变化,语法意义主要靠虚词来表达。成分助词属于虚词的一类。句子中的主语、宾语、定语、状语、谓语的后面都要跟随成分助词,表示该句子成分的身份。根据其助词在句子中的作用,大致可分为:主语成分助词、宾语成分助词、状语成分助词、定语成分助词、引语成分助词以及谓语成分助词。

如:

ကျွန်တော်သည် ဆရာဖြစ်၏(我是老师)

ကျွန်တော်(我)သည်(主助) ဆရာ(老师)ဖြစ်(是)၏(谓助)

ခွေးက သူ့ကို ကိုက်သည်(狗咬他)

ခွေး(狗)က(主助) သူ့(他)ကို(宾助) ကိုက်(咬)သည်(谓助)

上面的例句中名词、代词、动词各自做主语、宾语、谓语,它们的后面分别跟着一个助词,如သည်、၏、က、ကိုကို等。助词本身既没有什么实在的意义,又不能独立存在,但是它们是句中不可缺少的成分,有了这些助词,才能确定实词或词组在句中的地位与语法作用。

(三)汉语介词“跟”和缅甸语成分助词的比较

上文所提到的汉语介词“跟”的六种用法可以分别翻译成缅甸语中的宾语助词(ကို)、状语助词(နှင့်、ထံမှ、ကဲ့သို့、နှင့်အတူ)。具体如下:

“跟$_1$”主要对译缅甸语中的状语助词“နှင့်အတူ”。“နှင့်အတူ”一般用于名词或代词之后，表示协同的对象。例如：

(8)我跟你去。(ငါ မင်းနှင့်အတူ သွားမယ်)

ငါ(我) မင်း(你)နှင့်အတူ(跟) သွား(去)မယ်(谓助)

“跟$_2$”和“跟$_3$”主要对译缅甸语中的状语助词“နှင့်”。“နှင့်”主要放在名词或代词之后，表示与主题共同或关联的对象。例如：

(9)他不敢跟我对视。(သူ ကျွန်တော်နှင့် မျက်လုံးချင် မဆုံရဲပေ)

သူ(他)ကျွန်တော်(我)နှင့်(跟)မျက်လုံးချင်း(眼睛)မ(不)ဆုံ(对视)ရဲ(敢)ပေ(谓助)

(10)他好久没有跟我联系了。(သူ ကျွန်တော်နှင့် မဆက်သွယ်တာ အတော်ကြာပြီ)

သူ(他) ကျွန်တော်(我)နှင့်(跟)မ(没)ဆက်သွယ်တာ(联系) အတော်ကြာ(好久)ပြီ(谓助)

但“နှင့်”可以表示原因、凭借工具或方式，还可以充当连接词，主要连接两个名词。“跟$_2$”和“跟$_3$”没有此用法。例如：

(11)觉盛因患癌症而住院。(ကျော်စိန်သည် ကင်ဆာရောဂါနှင့် ဆေးရုံတက်ခဲ့ရသည်)

ကျော်စိန်(觉盛)သည်(主助)ကင်ဆာရောဂါ(癌症)နှင့်(状助)ဆေးရုံတက်ခဲ့ရ(住院)သည်(谓助)(这里的状语助词表示原因)

(12)我用筷子吃饭。(ကျွန်တော် တူနှင့် ထမင်းစားသည်)

ကျွန်တော်(我) တူ(筷子)နှင့်(状助) ထမင်းစား(吃饭)သည်(谓助)

(13)我买了铅笔和橡皮擦。(ကျွန်တော် ခဲတံနှင့် ခဲဖျက် ဝယ်ခဲ့သည်)

ကျွန်တော်(我)ခဲတံ(铅笔)နှင့်(和)ခဲဖျက်(橡皮擦) ဝယ်(买)ခဲ့(过去时)သည်(谓助)

“跟$_4$”与动词“比、比较、相比”等动词构成比较性短语时，缅甸语里没有对应的词，我们只能用副词“ထက်စာရင်”来翻译。与“一样、不一样、相反、差不多”或“(没)有＋表示区别的词”构成比较性的短语时，“跟$_4$”的整个结构几乎对译着缅甸语的定语助词“ကဲ့သို့”。“ကဲ့သို့”主要放在名词或代词之后，表示“跟……一样”的意思。例如：

(14)跟过去相比，现在的生活好多了。(အရင်ကထက်စာရင် လက်ရှိဘဝနေထိုင်မှု က ပို၍ကောင်းသည်)

အရင်က(过去)ထက်စာရင်(跟……一样) လက်ရှိ(现在)ဘဝနေထိုင်မှု(生活)က(主助) ပို၍(多)ကောင်း(好)သည်(谓助)

(15)弟弟的成绩跟哥哥的一样优秀。(ညီလေး၏ အမှတ်သည် အကို၏ အမှတ်ကဲ့သို့ ကောင်း၏)

ညီလေး(弟弟)၏(的)အမှတ်(成绩)သည်(主助)အကို(哥哥)၏(的)အမှတ်(成绩)ကဲ့သို့(跟……一样)ကောင်း(好)၏(谓助)

“跟$_5$”对译的是缅甸语宾语助词“ကို”。“跟”和“ကို”都可以表示动作相关的对象。例如：

(16)你马上去跟他道歉。(မင်း သူ့ကို အခုချက်ချင်း သွားတောင်းပန်လိုက်ပါ)

မင်း(你)သူ့(他)ကို(跟) အခုချက်ချင်း(马上) သွား(去)တောင်းပန်(道歉)လိုက်ပါ(谓助)

但是“ကို”还可以引进动作的承受者，例如：

(17)狗咬他了。(ခွေးက သူ့ကို ကိုက်သည်)

ခွေး(狗)က(主助) သူ့(他)ကို(宾助) ကိုက်(咬)သည်(谓助)

例(17)中的"ကို"放在宾语"သူ"后面,表示动作的承受者,这是"跟"所没有的。

"跟₆"主要对译状语助词"ထံမှ"。"ထံမှ"主要放在人或由人组成的机构单位之后,引进动作行为所涉及的事物的来源。这时"跟"和"ထံမှ"的语义几乎一样。例如:

(18)我要跟张老师学习英语。(ကျွန်တော် ဆရာကျန်းထံမှ အင်္ဂလိပ်စာ သင်ယူသည်)

ကျွန်တော်(我) ဆရာကျန်း(张老师)ထံမှ(跟)အင်္ဂလိပ်စာ(英语)သင်ယူ(学习)သည်(谓助)

汉语介词短语"跟……"和缅甸语助词短语"နှင့်、ထံမှ、ကဲ့သို့、နှင့်အတူ"都能做状语,这些短语做状语时,一般都放在谓语动词之前。总之,"跟"和缅甸语成分助词之间不论是从语义上还是从句法上都不是等值的。汉语介词和缅甸语成分助词的对比结果说明,母语为缅甸语的学生学习汉语介词"跟"时,可能会出现母语负迁移,学生将母语成分助词的语义、句法方面的规则套用在介词"跟"的用法上,结果导致偏误。

三、介词"跟"的主要偏误类型及举例分析

我们以鲁健骥(1999)指出的偏误类型作为研究框架,统计出各种偏误的数量并进行分析。介词"跟"的偏误主要表现在误用、误加、遗漏和放错介词短语"跟……"的位置四个方面。具体情况见表1:

表1 "跟"的偏误类型

偏误类型	偏误数/个	偏误百分比/%
A.该用介词"跟"而误用其他介词	103	52.3
B.误加"跟"	57	28.9
C.遗漏"跟"	22	11.2
D.放错位置	15	7.6

表1反映出,该用介词"跟"而误用其他介词的偏误最突出,占了偏误的一半;误加"跟"的偏误也较明显,占28.9%;遗漏介词"跟"的偏误占11.2%;放错位置的偏误最少,只占7.6%。下面具体分析各种偏误类型。

(一)该用介词"跟"而误用其他介词的偏误

1.该用介词"跟"而误用"对"。

(19) * 我想对你交换房间。

(20) * 我不想对你走。

(21) * 我对这件事没有关系。

“跟”主要引进共同或协同的对象，它的语义特征是双向性的，跟它搭配的动词也是双向性动词（例 19）、具体的动作性动词（例 20）或表示关联性的动词（例 21）。“对”的语义特征是单向性的，只能与单向性动词搭配使用。上面例句中介词“对”都要改为“跟”。

2. 该用介词“跟”而误用“给”。

(22) * 缅甸的天气给中国不一样。

“跟”与“一样、不一样、相反、差不多”等结合以后可以构成比较句。“给”却没有这种表比较的用法。

3. 该用介词“跟”而误用“向”。

(23) * 我想向你交换房间。

“向”的语义特征是单向的。而上面例句中的“交换”是表双方都要参加的双向性动词，不能与“向”搭配。

4. 该用介词“跟”而误用“从”或“为”。

(24) * 你从大家打个招呼吧。

(25) * 你为大家打个招呼吧。

“从”是表示空间的介词，它主要表示宾语的起点、经过、来源、依据，并不能引进双方共同动作的宾语。例(24)的“从”要改为“跟”。“为”虽然是对象类介词，但它只能引进谓词服务的对象，“打招呼”不是带服务意义的动词。例(25)的“为”也要换成“跟”。

5. 该用介词“跟”而误用“跟……一起”。

(26) * 他跟我们一起开玩笑。

这里的“跟”是引进共同对象的“$跟_2$”，与它搭配的动词主要是互相有交流的双向性动词（如“开玩笑”），而不是可以总体参与的具体动作性动词。例(26)中不必再加“一起”。

（二）不该用“跟”却误加了“跟”

(27) * 关于这件事，你跟我同意吗？

例(27)中的“同意”这个词可以直接带宾语，不需要用“跟”引进对象。

（三）缺少应有的介词“跟”

(28) * 有的同性交朋友，有的异性交朋友。

“交朋友”是以动宾方式构成的动宾词组，它后面不能再跟宾语，而且“交朋友”表示双方共同参加、互相交流的意思，所以我们只能用“跟”引进双方共同动作的对象“同性、异性”。上面的例子虽然把宾语“同性、异性”提到动词前，却漏掉了介词“跟”。

(四)介词结构"跟……"在句中的位置不当

(29) *我跟中国人常常谈话。

(30) *我常常谈话跟中国人。

(31) *他一起去上学跟我姐姐。

在句中出现副词的话,一般要放在介词结构"跟……"前,其结构为"主+副+跟+宾1+动+宾2"。例(29)、例(30)应改为"我常常跟中国人说话"。在例(31)中出现的是"跟……一起",应按照"主+跟+宾+一起+其他成分"结构来使用这个用法,改为"他跟我姐姐一起去上学"。

四、介词"跟"的偏误原因分析

缅甸学生习得对象类介词"跟"的过程中出现偏误是多方面因素造成的。具体分析如下:

(一)目的语知识负迁移

目的语知识负迁移就是学习者把他所学的有限的、不充分的目的语知识,用类推的办法不适当地套用在目的语新的语言现象上,造成了偏误。

(32) *他跟我们一起开玩笑。

(33) *他们跟这件事情的反应不一样。

不管是初级水平的学习者还是中高级水平的学习者都会犯上面几个例句中的错误。介词"跟"表示协同、共同或表示比较的对象时,常常与"一起、一样、不一样、相反、差不多"构成"跟……一起、跟……一样、跟……不一样、跟……相反、跟……差不多"等框式结构形式出现。此外,"跟……一起"结构是学生最先习得的,学生对此结构的用法印象比较深刻。所以学生在选择题中一看到"一样、一起"就会选上"跟"。

学生对所掌握的汉语介词用法概括得不恰当时,也会导致一些偏误。比如"跟"和"对"都是引进动作行为的对象,但它们的用法完全不同。"跟"主要引进的是共同或协同的对象,所以它的语义特征也是双向的,跟它搭配的动词是双向性动词。而"对"主要介引动作行为所面对的对象,它的语义特征是单向的。但学生没有注意到这一点,会出现"我想对你交换房间""我们家对他们家有来往""我对这件事没有关系"等误用。

学生对动词及物与不及物的理解不当时也会出现偏误,如"关于这件事,你跟我同意吗?"。再如,"有的同性交朋友,有的异性交朋友"误句中,"交朋友"是动宾词组,不能直接带宾语"同性(同性的朋友)",需要用"跟"来引进"同性、异性"。

（二）母语负迁移

母语负迁移的偏误主要是因为学生不熟悉目的语语法规律的情况下，只能依赖母语知识，把母语的语法规律应用在目的语的表达中，最后造成了偏误。学习汉语的缅甸学生大部分是成年人或接近成年。缅甸语的语法规则在他们的语言系统中已经固定了，短时间内再记住另一个语言的语法规则是非常困难的。所以缅甸学生想表达某些语法点时，套用了缅甸语的表达方式也是可以理解的。但两个语言之间的语言结构和语法规则存在着一定的差异时，就会产生偏误。如：

(34) * 我跟中国人常常谈话。

在缅甸语里，把副词固定放在动词前，结构为“主 + 状语结构 + 副词 + 动词”。缅甸学生因为受到母语的影响把“常常”放在动词前面，于是出现了偏误。但我们收集到的“跟”的偏误语料中，因为母语负迁移造成的偏误较为少见。

（三）教材及工具书编写的不足

1. 教材编写的不足。

教材的用例、讲解、编写顺序等对学生的学习有很大的影响。如果教材编排、讲解不恰当，可能会导致学生习得上的偏误。本人通过分析外国语大学中文系正在使用的《汉语初级教程》以及《汉语中级教程》两套教材中“跟”的内容，找出“跟”使用偏误出现的原因。具体分析如下：

表 2 《汉语初级教程》第一册到第三册

介词	首次出现	句法功能	例句	语法点讲解
跟$_1$	第二十五课	状语	我跟几个朋友一起去颐和园。	无解释
跟$_4$	第六十二课	状语	在中国跟在自己国家一样(方便)。	“跟……一样”这个结构常用来进行比较，如果把要比较的人或事物当作 A，把比较的标准当作 B，比较的公式如下：“A 跟 B 一样”。这里“跟”是介词，“一样”是形容词。
跟$_3$	第六十四课	状语	现在中国跟多少国家有贸易关系，除了美国以外，一定还有许多国家。(该句子来自课文对话)	无解释
跟$_5$	第七十六课	状语	坐公共汽车上，我喜欢跟旁边儿的人谈话。(该句子来自课文对话)	无解释

表 3 《汉语中级教程》第一册

介词	首次出现	句法功能	例句	语法点讲解
跟$_2$	第十一课	状语	齐元的未婚妻也因此跟他解除了婚约。	无解释
跟$_3$	第十一课	状语	怕自己文化太低，跟有学问的公婆搞不好关系。	无解释
跟$_4$	第十四课	状语	祝英台说她家里有一个妹妹，长得跟她完全一样。	无解释

《汉语初级教程》和《汉语中级教程》存在的主要问题就是注释不够。第一次出现“跟”的用法时，没有专门解释介词“跟”的意思和用法，只是在生词表中标注了“with”。对母语为缅甸语的学生来说这样的英语注释是不可靠的，而且教师解释不恰当的话会出现理解上的错误。从表中我们可以看出，除第六十二课出现的“跟……一样”的用法解释以外，其他“跟”的用法都没有解释，更没有用法之间的比较。

2. 工具书编写的不足。

工具书编写的不足也是造成学生偏误的原因之一。

近年来出版了很多工具书，如《实用现代汉语语法》《现代汉语八百词》《现代汉语词典》《现代汉语虚词词典》等。这些工具书大部分都是中国学者编撰的，解释虽然很全面，但“共同进行某种动作的对象、引进与某种情况有连接关系的对象”等解释对外国学生来说很难理解。他们可能会认为都是“对象”有关的介词，意思差不多，可以互换，从而导致介词运用上的混乱。而且有的工具书上的例句也与日常生活中的语言表达有偏离，大多是书面语。比如：

(35)贺营长进来，庞政委和程有才参谋长正跟团长商议着什么事情。

(36)在部队里，只有跟战士们在一处，他才真感到快乐、满意。(例句来自《现代汉语虚词词典》，朱景松，2007)

缅甸本土出版的工具书也有不足之处，而且数量还很少。缅甸本土出版的工具书中，比较权威的是《汉缅大辞典》(修订本)，但该词典里面只出现汉语介词的缅甸语对译词，并没有其他的解释，以介词“对、跟、向、给”为例：

表 4 介词与对译词

介词	对译词
对	က॥အား॥သို့॥
跟	နှင့်
向	သို့॥ထံမှ॥
给	အတွက်॥အား॥

在缅甸语里，介词“跟”对译的成分助词不止一个，上文已经提到过。而且该词典也没有提供例句或其他用法的解释。这样笼统的解释、简单的对译也是造成学生介词误用的原因之一。

五、介词教学的建议

（一）教学方法方面的建议

我个人认为对比教学法是最佳的介词教学法。这里所指的对比就是语际对比和语内对比。

1.语际对比。

语际对比是汉语与母语之间的比较。教师应该在课堂上进行适当的语言对比，让学生意识到母语与目的语之间的差异。例如：

(37)他对我笑了笑。

(38)你马上去跟他道歉。

(39)你为什么总是向我发脾气？

先让学生把上面的句子翻译成缅甸语，让学生发现三个句子中的介词“对、跟、向”都可以译成缅甸语成分助词“ကို”。告诉学生“ကို”与这三个介词不是一对一的关系，提醒学生它们每一个都有自己的语法意义和用法。

两种语言之间的对比教学虽然很重要，但不必把每个语法点都通过对比方式来教。教师在课前应该分析哪个语法点可能会受到母语的影响，对这类语法点采用对比的方式进行教学。教师不但要掌握汉语的语法规则，而且还要精通缅甸语的语法规则。这样才能给学生解释清楚缅甸语的成分助词与汉语介词的共同点、相似点以及不同点，进而减少因母语影响而产生的负迁移。

2.语内对比。

学生对目的语知识掌握得不充分时，可能出现因目的语知识泛化而导致的偏误。比如在汉语中，“对、跟、向、给”都属于对象类介词，它们的用法有相近之处，彼此间有时可互换，但每个词都有独特的用法。没有语感的外国人掌握起来比较困难。为了避免这些偏误需要进行适当的语内对比。学生学会了“对”的用法，再出现“向”的用法时，教师可以通过对比的方式给学生区分两者之间的差别。

另外，对比教学的过程中，我们一般比较关注不同介词之间的语义和用法对比，很少注意不同介词结构以及其结构搭配的谓词的对比。其实，不同的介词结构常与不同类型的谓词搭配。这一限制主要体现在动词的语义类型上。教师在教学中应该提醒学生，注意与介词搭配的动词的语义特征。另外，教师还应该想办法帮助学生记忆那些经常与常用介词搭配的谓词。

表5　与介词搭配的谓词列举

对	说、感兴趣、满意、了解、表示(感谢)、进行(调查、分析)
跟	走、聊天、握手、无关、成为(对手、朋友)、失去(联系)、解释
向	道歉、挥手、通知、表示(祝贺、问候、关心)、学习
给	打(电话)、写(信)、倒茶、道歉、添麻烦、留下(影响)、介绍

总之,我们通过语内对比的分析,可以减少学生因为目的语知识不足而造成的介词用法上的偏误。

3.练习方面的建议。

虽然对比教学很重要,但我们不能全靠传授知识的方式进行介词教学,一定要跟适当的练习结合。但介词练习在有些初级阶段的教材中很少。《汉语初级教程》只有第六十二课有“跟……一样”的练习,其余的都没有安排练习。因此,教师在课堂上应该增补练习。

我们通过替换练习、选择填空,让学生熟悉不同介词之间的语义和用法上的差异;通过排序练习,让学生巩固汉语介词结构的句法形式;通过翻译练习让学生认识一些母语和汉语结构形式及用法上的差异。

(二)教材方面的建议

无论是对学生来说,还是对本土教师来说,一本好的教材是很重要的。缅甸现在使用的汉语教材有《现代汉语》《汉语初级教程》《桥梁:实用汉语中级教程》《新世纪汉语学习指导》等,这些教材都是用汉—汉或者是汉—英来解释词语的,这不便于学生理解。有的新手教师只靠教材来讲解,而他们的母语也不是英语,他们对汉语介词的知识是有限的,他们可能把相近意义的介词笼统地给学生解释。所以编写一套专门针对缅甸学生的教材是非常必要的。我们认为编写教材应该充分参考偏误分析的研究成果,将那些有针对性的说明和例句编进教材中。

六、结语

本文在中介语理论指导下,对缅甸学生习得汉语介词“跟”的偏误进行问卷调查,发现介词“跟”的误用偏误率最高,占总偏误率的52.3%,“跟……”放错位置的偏误最少,只占总偏误率的7.6%。误加与遗漏的偏误率分别占28.9%与11.2%。母语的负迁移、目的语知识的干扰以及教材或工具书编写的不足是学生产生偏误的主要原因。为了减少这些偏误,我们进行介词教学时,应该适当地强调对比教学法,从语际对比和语内对比两个方面进行对比教学。此外,介词教学不能只靠教师讲解,一定要跟有效的练习形式(如选择题、判断病句、排序练习、介词与谓词的搭配练习等)结合,加深学生对介词语义和用法的理解。最后,建议参考这些偏误分析的研究结果，编写一套专门针对缅甸学生的汉语教材及工具书，争取将各种干扰降低到最低的程度。

参考文献

崔希亮（2005）欧美学生汉语介词习得的特点及偏误分析，《世界汉语教学》第3期。

高　霞（2015）英、日学习者习得介词“跟”的偏误分析，《汉语学习》第5期。

何　薇（2004）汉语常用对象类介词的分析与教学，苏州大学硕士学位论文。

李健慧（2004）越南留学生常用介词偏误分析，广西师范大学硕士学位论文。

李　珊（2008）泰国学习者汉语常用介词偏误分析，暨南大学硕士学位论文。

刘月华、潘文娱、故　韡（2001）《实用现代汉语语法》（增订本），北京：商务印书馆。

鲁健骥（1999）《对外汉语教学思考集》，北京：北京语言文化大学出版社。

吕叔湘主编（2010）《现代汉语八百词》（增订本），北京：商务印书馆。

苏月娥（2012）缅甸学生汉语各类词使用偏误分析，云南大学硕士学位论文。

吴成焕（2006）韩国留学生习得汉语介词偏误分析，吉林大学硕士学位论文。

伊万娜（2012）塞尔维亚中高级学生常用汉语介词偏误分析与教学对策，南京大学硕士学位论文。

赵葵欣（2000）留学生学习和使用汉语介词的调查，《世界汉语教学》2000年第2期。

（责任编辑：刘晶晶）

汉语和马来语基本颜色词对比研究

〔马来西亚〕陈添来　〔马来西亚〕黄妙芸

提　要　颜色词是语言词汇系统重要的组成部分。汉语和马来语两种语言中的颜色词，蕴含了丰富的文化内涵。本文以汉语和马来语的基本颜色词为例，对比分析在跨文化交际中颜色词所具有的不同概念及文化引申义，进而准确理解汉语和马来语两种语言之间颜色词的义项差别和色彩差异。本研究成果在词语教学方面有助于学生了解词语的概念意义、文化内涵；利于人们在翻译中更好地掌握词的等义等值；利于强化人们跨文化交际的意识和能力。文中研究成果对词汇学、翻译学、跨文化交际有着一定的现实意义。

关键词　跨文化交际；颜色词；文化内涵；概念意义；价值观念

A Contrastive Study of Basic Color Words in Chinese and Malay for Intercultural Communication

〔Malaysia〕Tan Tiam Lai & 〔Malaysia〕Ng Miew Hoon

Abstract　The words of colors are important part of language vocabulary system. The words of colors in Chinese and Malay contain rich cultural connotations. The cultural connotation of the words is hidden behind the word and cultural content of additional associative meaning. In this paper, the basic words of colors in Chinese and Malay are used as examples to analyze the different concepts and cultural interpretations of color in intercultural communications. The aim of this paper is to explore the accurate understanding and faithful translation of the words of colors between Chinese and Malay. The results of this research can help students to understand the conceptual meaning of words, especially the values embodied in the connotation of cultural connotations, to better understand the

---

【作者简介】陈添来，Tan Tiam Lai，男，马来西亚籍，苏丹依德理斯师范大学中文教育系高级讲师，主要研究方向为语言教学及对比语言学。

黄妙芸，Ng Miew Hoon，女，马来西亚籍，苏丹依德理斯师范大学中文教育系高级讲师，主要研究方向为词汇学及对比语言学。

equivalence equivalence of words in translation, and to strengthen the consciousness and ability of intercultural communication. This research has some practical significance for lexicology, translation and intercultural communication.

Key words intercultural communication, the words of colors, cultural connotation, conceptual meaning, value concept

颜色与人类的生活息息相关，是人类认识现实世界的一个重要领域。颜色不仅具有物理属性，还有着丰富的文化内涵。在汉语和马来语两种语言中，均存在大量与颜色有关的表达方式，表达特定的文化内涵。但由于汉语与马来语分属于两个不同的文化语系，两个民族对同一颜色所产生的联想有共性，有差异，有时会完全相悖。在翻译这些带有颜色词的表达方式时，一定要弄清它们的实际含义，因为有时颜色词并不仅仅表示颜色，而是引申转换为其他的含义。本文将对汉语和马来语两种语言中的部分颜色词的语言特点、文化内涵意义的异同进行比较，在加深理解的前提下，对该类词汇的翻译进行探讨。

一、汉语和马来语基本颜色词的对比

(一)基本颜色词概念

汉语和马来语中的颜色词数量均较为丰富。汉语和马来语两种语言把颜色词大致分为三类：基本颜色词(kata warna dasar)、实物颜色词(kata warna benda alam)和色差颜色词(kata warna bayangan)。基本颜色词是指那些本来就可以表达事物色彩的颜色词。汉语与马来语对基本颜色词的分类差别不大，汉语中有白、黑、红、黄、绿、蓝、紫、灰，马来语中有 merah、putih、hitam、kuning、hijau、biru、ungu、kelabu (Asmah Haji Omar，2015)。实物颜色词就是把用自然界物体的本色来表示颜色的词，如 jingga(橙色)、perak(银色)、emas(金色)、lembayung(紫红)。这类颜色词广泛用于日常生活中。色差颜色词是指来自太阳的自然光或白光照射在各种颜色上有深浅明暗之分的颜色词。如 biru tua(深蓝)、hijau muda(浅绿)、kuning muda(淡黄)等。本文主要探讨汉语和马来语中部分常用基本颜色词的比较及翻译。首先比较这些基本颜色词之间的异同之处。

(二)基本颜色词比较

颜色词具有极为丰富的意义。汉语和马来语的颜色词不仅意义丰富，而且应用范围也相当广泛。颜色虽是自然现象，但千百年来，由于受到自然环境、文化传统、风俗习惯、民族审美心理和认知情感的影响，不同的民族对颜色的理解不尽相同。人们对同一颜色有时会产生不同的联想，从而使同一颜色词在不同的民族形成不同的象征意义、引申意义和文化内涵意义。研究者将在众多的颜色词中选择“白（putih）、黑（hitam）、红（merah）、蓝（biru）、黄（kuning）、绿（hijau）”这六种基本颜色词进行比较。

1. 白色与 putih。

白色在汉语与马来语中都有纯洁和清白的意思，但又有一些不同。

在中国文化中，白色是一个禁忌词，白色是枯竭而无血色、无生命的表现，象征死亡、凶兆。自古以来亲人去世后家属要披麻戴孝办“白事”，其家属要穿“白丧服”，晚辈子女的白服称为“孝服”，并设“白色灵堂”，出殡时要打“白纸幡”，撒“白纸钱”。

白色的心理功能在其发展过程中受到时代因素的影响，也有腐朽、反动、落后等贬义。白色和红色相对，所以称革命性的事物为“红”，而称反动的事物为“白”。就如过去称国民党统治区为“白区”，称反动政府为“白色政权”，称反动政府军为“白军”，称祸害人民的匪徒为“白匪”，把反动派对革命者的屠杀、镇压政策称为“白色恐怖”。

白色也象征失败、愚蠢、无利可得，如在战争中失败的一方打“白旗”表示投降，称愚蠢、智力低下的人为“白痴”，把出力而得不到丝毫好处或没有效果叫作“白干”“白忙”“白费力”等。白色在戏剧脸谱艺术中象征阴险、奸邪等，如秦代的赵高、三国时代的曹操、明代的严嵩等人物都是白色脸谱。白色还象征知识浅薄、没有功名，如称平民百姓为“白衣”、称没文化没功名地位的人为“白丁”，称平民的住屋为“白屋”等。

马来人认为 putih（白色）象征高雅纯洁，所以它是马来文化中的崇尚色。putih（白色）象征着一个人的纯真无邪，带有 bersih、murni、suci 等的纯洁意义（Hajah Noresah bt Baharom，2007：1258）。在马来文化中，putih（白色）可象征诚实、好心、仁慈等意义，如 putih hati（白色的心）指那人有一颗诚实可信赖的心，berdarah putih（白色血统）指马来贵族的子弟。有些词组中有 putih 一词也会抽象化引申，喻指与爱情相连的事物，如 putih kuning 不只表示浅黄色，也指爱人（kekasih）。

此外，马来文化中的 putih（白色）有时也是一个贬义相当强的词，是耻辱、悲痛的联想。如 berputih 和 putih mata 可表示 menanggung malu atau berhiba hati menanggung rindu 蒙羞、悲哀的意义，也可比喻错过机会、引来嫌恶、轻蔑或轻视。马来文化中的 putih（白色）还象征不健康，如 putih lesi 和 putih pucat 都带有脸色苍白的意思。Putih tulang 不是指白色的骨头，而是比喻死亡。

putih（白色）在马来语中也引申为“漂白”的意思，即重新登记、合法化（使免受追究）的做法。如 Kerajaan sedang memutihkan pendatang haram supaya mereka menjadi buruh yang sah.（政府正在对非法外劳进行漂白计划，以让他们成为合法的劳工）中的 memutihkan 就指进行漂白的做法。在马来谚语中，putih 也带有到头来一无所得的意思，如 putih dikejar，hitam tak dapat 表示一个人在追求白的，却连黑的也得不到，即是期望的没得到，反而失去自己原有的（yang diharapkan tak dapat，sedang apa yang telah ada，hilang.）（Hajah Noresah bt Baharom，2007：1258）。

2.黑色与 hitam。

黑色（hitam）在马来语和汉语两种语言文化中的联想意义大致相同，都可以象征死亡、苦难和悲痛。

在汉语中，由"黑"组成的词语大多含有贬义，如"黑会、黑帮、黑牌、黑帽、黑纲领、黑后台、黑干将、黑笔杆、黑秀才、黑参谋、黑五类、黑文章"等。黑色常表示阴险、奸恶等意思，如"黑心、黑手、黑爪牙"等。随着语言的不断发展，黑色又从"黑暗"义引申出非法、欺骗等含义，如"黑社会（指不守法纪的团伙帮派）、黑车（指无驾驶执照的汽车）、黑户（指没有正式户籍的人家）、黑人（指没有上户籍的人）、黑市（指卖假货的市场或私换证券外汇的场所）、黑货（指未纳税或走私的货物商品）、黑名单（指反动势力为进行政治迫害而开列的革命者和进步人士名单；有关部门开列的不合格产品或违反规约的企业、个人等的名单，通过一定渠道向社会公布）"等。

马来语中，hitam（黑）的联想意义与汉语差不多。如 senarai hitam（黑名单）等。在马来文化中，人们对 hitam（黑）产生很多语义的联想，如 hitam 在马来语词典（Kamus Dewan）里就有国内黑区（不安全的地方）的义项：dianggap tidak selamat kepada negara（Hajah Noresah bt Baharom，2007：541）。hitam（黑）在马来文化中象征倒霉、晦气，如 tahun hitam（倒霉的一年），Oktober Hitam（倒霉的十月）。而 kambing hitam（黑羊）则象征代罪羔羊或替罪羊的意思。在马来宗教文化中，黑色的动物被视为不祥的动物，一只黑狗降生预示家中要死人，黑鸡往往是祭祀的牺牲品。kuda hitam（黑马）比喻出乎意料的获胜者。在马来语中，hitam 可引申形容事情的真实情况，能够证明某事物真实性的相关事实或材料。如 hitam putih（黑白），可表示事情的黑白分明（pernyataan bertulis sebagai bukti），也可表示一个人的实际的运气（nasib buruk atau baik yang dialami seseorang）。

此外，hitam 也表示诽谤、任意决定等意思。如 menghitamkan 或 penghitaman，表示抹黑或诽谤别人（memburuk-burukan orang）。menghitamputihkan 表示任意决定、擅自主张。titik hitam（黑点）引申为不良的行为记录，而 buku hitam（黑书）则表示某人已被列入不受欢迎的名单。马来文化的 hitam 也有"好"或"有趣"的意思，如马来语习语中的 hitam manis（黑甜）就表示黑得好看或讨人喜爱（hitam yang digemari orang）。在马来谚语中，hitam 也带有黑白颠倒的意思，如 hitam dikatakan putih，putih dikatakan hitam（黑说成白，白说成黑），即表示一个人在说谎，不说出真相或歪曲事实（tidak menyatakan yang sebenarnya/ berdusta/ berbohong）。

Hitam 在马来谚语中也表示不要被事物 hitam（黑）的外观迷惑，需看清事物的真相。如马来谚语 hitam gajah，putih-putih udang kepai 中的 hitam gajah（黑色大象）。此句谚语说明纵使外表漂亮，但内心丑恶的依然丑恶，但高贵的心灵是不会被丑恶的外表掩盖的（meskipun cantik rupanya yang hina tetap hina dan mulia tetap mulia meskipun buruk rupanya）（Hajah Noresah bt Baharom，2007：542）。

在汉语中，常用黑色象征无私、刚直、平正、坚毅等含义。在戏曲脸谱艺术中，往往使用黑色脸谱象征历史人物铁面无私、刚正不阿的高尚品性，如尉迟恭、包拯、李逵等人物的舞台形象都使用黑色脸谱。在马来文化中，hitam 是庄严集会时衣服的颜色。他们相信黑色衣服有庄重、肃穆的感觉，很适合在重大的场合穿着，可让他人不由自主地产生敬重之情，让整个气场更加强大。

3.红色与 merah。

在汉语和马来语中，红色蕴含的文化意义同中有异、异大于同。汉民族自古就喜爱红色，红色是中国文化中的崇尚色。人们可以从红色联想到太阳和火的颜色。由于太阳和火可给人们带来光明、温暖和幸福，所以汉民族非常喜欢用红色来象征幸福、吉祥、喜庆、热烈、欢乐等含义，并由此引申出兴旺、顺利、发达、成功、福利、成就、运气好等含义。汉民族在庆贺传统的重大节日时，如春节、元旦等，喜欢在大门两旁贴上红对联（也称春联），在大门上贴红“福”字，象征洪福；在门窗上贴红吊钱、在白纸窗上贴红窗花（也称红剪纸），门口挂红灯笼，晚上点红烛，燃放红炮等。

汉民族把结婚称为红喜事，所以新娘子要穿红衣裙，头上要盖红盖头，新郎要披红绸带，胸前要戴大红花，大门上要贴红春联，屋内要贴红囍字，晚上要点红烛，宾客要吃红豆包，婚前的婚帖也是用红纸写，送结婚礼物或喜钱要用红布或红纸包裹。汉民族也把生孩子看作是喜事，妇女怀孕称为“有喜”，产妇要吃红鸡蛋，系红腰带，以表示孩子将来要走“红运”。

红色也象征事业兴旺、顺利、圆满、发达、成功等，所以在庆贺商业或企业开业、展览会开幕、工程奠基仪式及落成典礼等场合，常常用红绸结彩和剪彩，以表示祝贺成功、圆满、顺利等。在这方面也常用“红”作为词语的语素，组成“红利、分红、红运、红包、红标、红榜、满堂红、开门红、红日高照”等词语。随着语言的不断发展，红色的顺利、成功等象征意义进一步引申出受社会好评、受群众爱戴、受领导重用或重视等含义。此方面用“红”组成的词语有“走红、演红、很红、大红人、红得发紫、红极一时”等。此外，红色也引申出羡慕、嫉妒、激怒等含义，如“眼红、红眼病”等。

在马来文化中，merah（红色）主要指鲜血（darah）的颜色（Hajah Noresah bt Baharom，2007：1022），merah 在马来民族心目中象征着一往无前，不怕任何困难的勇敢精神，就如 darah merah（红血）表示着勇敢无畏的精神。马来文化中的红色（merah）也是一个表达负面感情相当强的词，是生气、发怒的联想。如 merah telinga 表示发怒，而不是“红耳朵”；bermerah 表示争得面红耳赤；而 memerahkan muka 指使人生气或发怒的事情，不是指“红脸”。在交通用语中，merah（红色）象征危险、紧张，如 lampu merah（红灯）是警告的标志、危险的信号，引申到生活中就喻指危险、必须停止的意思。马来语有一句谚语“di luar merah，di dalam pahit”（外红内苦），表示人们不应被甜言蜜语迷惑，它往往带有欺骗成分，并带来苦果（janganlah percaya akan perkataan yang manis-manis kerana biasanya berisi tipu daya yang busuk）（Hajah Noresah bt Baharom，2007：1023）。

4.蓝色与 biru。

蓝色和 biru 在两种文化中所产生的联想是相似的。蓝色是天空和大海的颜色,给人柔和舒服的感觉。因此,蓝色往往给人心旷神怡、意蕴深远、恬淡宁静的联想。

汉语和马来语中蓝色(biru)引申意义不多。在马来语中,我们见到 biru(蓝)用来描绘“山”的颜色(Hajah Noresah bt Baharom,2007:193),如 Gunung yang teguh menjulang kebiruan(青山高耸挺拔),Biru gunung tidak lagi indah nampak(再也看不见青山了)。这里以 biru(蓝)代替绿,以蓝代青,主要是颜色词的模糊性产生的。《说文》:“蓝,染青草也。苍,草色也。”“绿、蓝、苍”三种颜色词在词源上也是模糊的。biru(蓝色)在马来语中可派生为动词,使变成蓝色、染蓝。如“Cahaya matahari membirukan air laut.”(阳光使海水变蓝。)中的 membirukan(使……变蓝)(Hajah Noresah bt Baharom,2007:193)。

5.黄色与 kuning。

黄色在两种文化中引起的语义联想既有相似之处,也有区别。黄色被视为尊色,是君权皇威的标志、象征。黄色在中国人心中占有极其重要的地位。在古代,黄色象征着神圣、皇权、庄严、尊贵、崇高、土地、国土等文化意义。

在中国文化中,“五行”的“土”和“五方”中的“中央”都用黄色做代表,如宋代思想家朱熹所说:“黄,中央土之正色。”黄色象征着中央皇权和社稷,同时也象征着生长万物的土地。黄帝轩辕氏有“土德之瑞”,传说他经常穿黄衣、戴黄冕,所以黄色后来便成为帝王的颜色。中国古代帝王多穿黄袍,并禁止普通百姓穿黄色的衣服。黄色成为皇室的专用色,如帝王所居住的宫殿用黄色琉璃瓦,宫内的宝座及一切装饰用黄色,所乘坐的车辇也是黄色的。

古代马来人不允许穿黄色衣服,因为黄色是苏丹(马来族国王)专用的颜色及王族的专用色。王室的一些物品也是黄色的,因为黄色象征“神圣不可侵犯”和“至高无上”。在马来语中,kuning(黄色)的引申语义 kekuningan 就表示王室或王族的黄色物件(barang-barang berwarna kuning adalah tanda kebesaran raja atau orang bangsawan)(Hajah Noresah bt Baharom,2007:851)。

随着语言的不断发展,汉语和马来语中的“黄”(kuning)字也出现在一些贬义词中,表示下流、堕落,如“黄色电影”“黄色书刊”等。在马来文化中,budaya kuning(黄色文化)、filem kuning(黄色电影)、buku kuning(黄色书籍)都带有不好的象征意义,表示“低级庸俗”或“淫秽色情”等贬义意思。

kuning(黄色)在马来语中也有其他引申联想,如 sirih kuning 不单指黄透了的蒌叶,也指含苞待放的少女(gadis yang elok)。kuning(黄色)在马来语中可派生为动词 menguning ,即“变成黄色”或引申为“稻米等开始成熟的颜色”。如“Padinya sedang kuning menantikan masa untuk dituai”(变黄的稻米正准备收割)中的 kuning(变黄的稻米),就象征成熟了的稻米。

在马来谚语中,kuning 也带有易受他人挑拨、唆使、煽动等立场不坚定的意思,如 kuning oleh kunyit, hitam oleh arang 表示一个人容易受他人的唆使而改变自己的立场(mudah terpengaruh oleh hasutan atau puji-pujian)(Hajah Noresah bt Baharom,2007:851)。

6.绿色与 hijau。

绿色和 hijau 在两种文化中引起的联想也是不同的。在中国传统文化中,绿色往往是人们喜爱的颜色,因它是植物的生命色,也是一切植物最茂盛的颜色。人们可从绿色联想到春天、森林、草地、湖泊、翡翠、绿宝石等,常用绿色象征春天、和平、青春、幸运、安全、希望、恬静、新鲜等含义。

在古代,人们用绿色象征春天,如“春风又绿江南岸”。现代人仍把防风防沙而植树造林的大工程称为“绿色工程”。人们也常用绿色来象征希望、安全、和平,如用绿灯表示安全通行的信号,邮政部门用深绿色作为标志色。由于绿灯是表示安全通行的信号,所以汉语中便有“开绿灯”这个词语,比喻准许做某事或为某事提供方便。

绿色在中国古代也有低微、不光彩、下贱等含义。唐代官制就规定官六品以下穿绿袍。宋元时代,绿衣、绿巾也是社会地位低贱人的服饰,乐人、乐工、伶人都穿绿服。元、明时代规定妓女和歌乐男子必须戴绿巾。明代郎瑛《七修类稿》云:“吴人称人妻有淫者为绿头巾。”后来使用“戴绿帽子”表示不光彩,因妻子有外遇而使丈夫脸上无光,低人一等了。

马来文化中的 hijau(绿色)象征意义跟青绿的草木颜色有很大的联系,是植物的生命色,如 hijau melambangkan pertumbuhan dan harapan(绿色象征着活力和希望)。在马来宗教文化中,hijau(绿色)象征好的颂扬意思。

hijau(绿色)在马来文化中也比喻未成熟、幼稚、没有经验等,如 hijau 在马来语词典(Kamus Dewan)里就有未成熟及没经验的义项:masih mentah(dalam berbagai-bagai erti), kurang pengalaman(Hajah Noresah bt Baharom,2007:534)。如 anak-anak itu masih hijau, masih belum mengerti erti hidup(那些孩子还没有经验,无法真正体验生活的意义)(Hajah Noresah bt Baharom,2007:535)。

由此可见,同是一种颜色在不同语言中所传载的文化信息可能相似,也可能大相径庭。而在实际运用中,每一个颜色词的意义更显灵活多样。在文化交流日趋便捷的今天,汉语和马来语两种语言互相渗透、融合,促使颜色词寓意更为丰富。两种语言相互交际运用过程中,要根据不同的文化背景与语言差异进行学习与理解。

二、汉语和马来语基本颜色词翻译技巧

翻译的目的是将一种语言的信息传递给另一种语言,因此可以说任何翻译都离不开文化。翻译的实质是帮助说不同语言的人们相互理解,进而消除文化差异所造成的隔阂。颜色词的含义有基本义和引申义,而准确理解颜色词的含义是准确通顺地翻译颜色词的基础。当意义与形式上的忠实发生冲突,我们应该本着以意义为主的原则,对原语中的颜色词进行灵活多样

的处理。一般来说,颜色词的翻译方法可分为两种,即直译法和意译法。

(一)直译法

直译法(literary translation)就是在转达原文意思的时候,使译文的表达形式和句法结构尽量和原文一致,即能完全对等的就完全对等,不能完全对等的也要大致对等。在汉语和马来语互译颜色词时,有的可以在目标语中找到对应的颜色词来翻译,有的在目标语中其对应的颜色词有相似的文化引申含义,因此也可以使用直译法进行翻译。如"黑板(papan hitam)、黑名单(senarai hitam)、白蜡(lilin putih)、白纸(kertas putih)、白饭(nasi putih)、白领(kolar putih)、白旗(bendera putih)、红豆(kacang merah)、红木(kayu merah)、红枣(kurma merah)、红潮(air pasang merah)、黄土(tanah kuning)、蛋黄(telur kuning)、绿草(rumput hijau)、绿灯(lampu hijau) 、蓝布(kain biru)、蓝宝石(permata bitu)"(Fadilah Jasmani,2013:12,387,390,409,544,582)。

(二)意译法

意译法(free translation)就是偏重译入语的,以译入语读者为中心的翻译方法。换言之,就是要冲破语言的外壳,将其真正的意义挖掘出来。当汉语颜色词只是一种引申意义时,颜色词汉语译马来语时只能介绍其含义,回避其颜色,采取意译法。意译法有好多种译法,这里介绍常见的两种译法,即转换颜色词法和去除颜色词法。

1.转换颜色词法。

由于汉语和马来语两种语言的颜色词文化内涵的差异表现在以不同的颜色词表达相同的文化内涵,在翻译过程中可以采用转换颜色词的方法。我们可根据译语的习惯,用读者熟悉的颜色词来改变原文的颜色词。如:gula merah(黄糖或黄糖砖,不是"红糖"),emas hijau(森林,指森林被看成是绿色的金子,不是"黄金绿色"),hijau mata(眼红,不是"眼发绿"),emas merah(红葱 bawang merah,可出口赚得外汇,故称为"红色的金子"),biru lebam(青黑色或紫黑色,因打伤、跌伤后的肿块,不是"蓝黑色")。

2.去除颜色词法。

当汉语和马来语两种语言的颜色词所蕴含的文化内涵不对应时,可采取去除颜色词的方法。我们可根据译语,用读者熟悉的词语去除原文的基本颜色词。如"rumah hijau(温室,不是"绿室")、白菜(kubis Cina)、白瓜(buah kesturi)、黑市(pasaran gelap)、黑痣(tahi lalat)、黑帮(kongsi gelap)、黑钱(wang haram)、黑窝(sarang jenayah)、黑货(barang seludup)、红颜(gadis yang cantik)、红灯区(kawasan haram)、红利(dividen)、红眼(naik darah)、白面(tepung gandum)、白头(golong tua)、白熊(Beruang Kutub)、白眼(dipandang rendah/dihina)、白食(makan tanpa bayar)、黄豆(kacang soya)、黄帝(nenek moyang orang Cina)、黄蜂(tebuan)、黄花(kekwa)、白果(kacang ginkgo)、黑心(berhati setan)、绿帽子(isteri yang tidak setia)、绿宝石(zamrud)、蓝图(pelan)、黄道吉日(hari yang bertuah)、青黄不接(zaman kesulitan)、青出于蓝(anak murid lebih pandai daripada guru)"(Fadilah Jasmani,2013:12,387,390,409,544,582)。

三、结语

综上所述,汉语和马来语语言习惯不同,风俗各异,表示颜色的方法和用词也不尽相同,就是对同一颜色的理解与使用也有差异。我们不仅要注意观察它们本身的基本概念意义,更要留意它们的文化内涵意义。颜色的文化内涵意义在不同民族语言中往往有不同的特点,有些特点甚至构成人们对经过引申、转义以后颜色的崇尚和禁忌意义。由于汉语和马来语颜色词语的文化内涵意义有时对应,有时不对应,所以在翻译颜色词的过程中,要注意两种文化的差异,仔细推敲,弄清其真正含义,才能更准确地运用它们。

参考文献

常敬宇(2000)《汉语词汇与文化》,北京:北京大学出版社。

陈宏薇(1991)《英汉翻译基础》,北京:中国对外翻译出版公司。

郭建中(2000)《文化与翻译》,北京:中国对外翻译出版公司。

贾玉新(1997)《跨文化交际学》,上海:上海外语教育出版社。

联营出版有限公司编辑部(2009)《华马英词典》*Chinese Malay English Dictionary*,马来西亚:联营出版有限公司。

王秉钦(1995)《文化翻译学》,天津:南开大学出版社。

中国社会科学院语言研究所词典编辑室(2012)《现代汉语词典》(第6版),北京:商务印书馆。

钟松发,黎煜才(2006)《*Kamus Perdana* 最新马来语词典》(第3版),马来西亚:联营出版有限公司。

Anwar Ridhwan,Lai Choy(2015).《全新精编马华英版大词典》(*Kamus Kembangan*)(第2版),马来西亚:联营出版有限公司。

Asmah Haji Omar(2015). *Nahu Melayu Mutakhir Edisi Kelima*, Dewan Bahasa dan Pustaka.

Fadilah Jasmani(2013).《国家语文局华马词典》(*Kamus Cina-Melayu Dewan*), Dewan Bahasa dan Pustaka、联营出版有限公司。

Hajah Noresah bt Baharom(2007). *Kamus Dewan Edisi Keempat*, Dewan Bahasa dan Pustaka.

(责任编辑:李东伟)

需求导向式泰国高校初级汉语学习者有效语法教学模式研究*

江宇豪 〔泰国〕潘俊财

提 要 语法教学是语言教学的重要环节,本文围绕泰国初级汉语有效语法教学,从学习者需求导向出发,首先以问卷调查的方式,对泰国初级汉语学习者进行有效语法教学观探讨分析,在此基础上,归纳分析,进而构拟出适合泰国初级汉语教学的语法教学模式。

关键词 需求导向;泰国学习者;有效语法教学;教学模式

A Study on Effective Grammar Teaching Model in Thailand Based on Demand for Elementary Chinese Learners

Yuhao Jiang & 〔Thailand〕Anujapad Jarasnat

Abstract Researching the effective grammar teaching and learning deserves positive significance. Grammar teaching is an important part of language teaching. This paper discusses about the attitude of elementary Chinese learners in Thailand towards Chinese grammar teaching by using questionnaire as the major reach method. Based on that, this paper constructs an effective grammar teaching model for elementary Chinese learners in Thailand.

Key words: demand orientation, effective language teaching, grammar teaching, students

〇、研究背景

在汉语作为第二语言教学中,语法教学一直是一个重要环节,是初级学习者向中、高级水

---

* 本文为中央民族大学研究生科研项目"国际汉语教师与学生有效教学观研究"成果之一。

【作者简介】江宇豪,男,中央民族大学国际教育学院在读博士研究生,主要研究方向为国际汉语教学。

潘俊财,Anujapad Jarasnat,男,泰国籍,中央民族大学国际教育学院在读博士研究生,主要研究方向为汉语国际传播。

平迈进的必要渠道。然而,由于师生观念的差异或学习者对教师教学方式的不适应,在实际课堂语法教学中,常常会出现“感知失配”现象(B. Kumaravadivelu,2003),感知失配的产生,最终会造成师生双方信息输入与接收的不对称,进而影响语法教学的有效性。因此,减少感知失配,进行有效语法教学值得学界关注。

近些年,泰国汉语快速传播令人瞩目,是汉语热最集中的国家之一(吴应辉、杨吉春,2008)。与此同时,泰国汉语教学的研究,在汉语语音教学、汉字教学、词汇教学和语法教学等各方面也取得了很大成绩。其中,关于泰国汉语语法教学,特别是初级汉语语法教学的研究主要集中在以下几个方面:从教材角度出发,通过中、泰编写的教材对比或者与大纲进行对比,分析统计泰国初级汉语教材语法项目(陈美英,2010;成明智,2012);从学习者角度出发,运用案例、语料库等形式对学习者常见偏误进行概述,并提出相关教学对策(李敬,2012;刘文静,2015);从两种语言的类型出发,对汉语、泰语的语法结构进行对比分析(周哲明,2012)。另外,对于泰国汉语教学模式的研究,关注也颇高,研究主要涉及两个方面:一是针对具体学校的教学模式设计,如泰国职业学校汉语综合课教学模式及应用研究(曾阳,2012)、泰国成教委短期汉语教学模式研究(张可,2015);二是基于课堂教学的行动研究,如基于对比实验的泰国儿童汉语教学模式研究(程爽,2008)、泰国汉语教学中“语文并进”和“语文分开”教学模式实验报告(陈晓静,2009)等。然而,从学习者需求角度出发,对泰国初级汉语学习者进行有效语法教学的探究研究较少。以需求为导向,构拟合适的语法教学模式的研究也有待进一步关注。

本文将聚焦针对泰国初级学习者的有效语法教学,从学习者需求出发,对泰国初级汉语学习者有效语法教学观进行探讨分析,在此基础上构拟泰国初级学习者有效汉语语法教学模式,进而推动泰国汉语语法教学及研究的进一步发展。

一、研究设计

(一)研究目的

通过考察泰国高校汉语初级学习者的有效语法教学观,在此基础上构拟有针对性、实用的有效语法教学模式。

(二)研究被试

此次研究的学生被试来自泰国法政大学大一、大二的初级汉语水平学习者,共 31 人。其中,大一学生 17 人,大二学生 14 人。年龄均在 18—20 岁,男女比例为 9∶22。

(三)研究工具

本研究采用问卷调查法对泰国初级汉语学习者的有效语法教学观进行考察。问卷内容设计参照了 Alan V. Brown(2009)关于 the effective foreign language teacher 的问卷和汲传波、刘芳芳(2013)《职前国际汉语教师语言教学信念调查研究》中语言教学信念调查问卷,问卷结构共分为两部分:第一部分为语法教学的总体认识,包括语法教学内容、教学影响因素、教学时间、教学用时和教学方法的选择等内容;第二部分则涉及语法教学各个具体环节的认识,包括语言规则导入观、讲解观、操练观和纠错观。题量共计 27 题,运用李克特五度量表考察被试对语法教学的各类行为的认可程度。

(四)数据处理与分析

此次调查共收回有效问卷 31 份。其中,问卷第二部分为对具体语法教学环节中有效教学的认定,因为问卷设计为五度量表形式,所以把五个选项“强烈同意、同意、一般、不同意、强烈不同意”五项用数值“5、4、3、2、1”代替转码录入,运用 Excel 和 SPSS 软件对学生被试进行分析,采用的统计方法主要为计算均值、百分比等描述性统计。

二、研究结果与分析

(一)语法教学的总体认识

1.语法教学内容认识。

表 1　学习者倾向的语法教学内容

调查选项	频次/次	有效百分比/%
1. 教材中列出的语言点	19	61.3
2. 教材所列语法点的其他用法和类型	24	77.4
3. 从课文中选出自己认为重要的语言点	10	32.3
4. 两种语言异同对比	14	45.2
5. 学习者常见偏误	24	77.4

关于语法教学应该包含哪些内容,调查显示,有三项应答例数百分比超过 60%,这表明,学生被试最希望教师在课堂语法教学中,解释“学习者常见偏误”、介绍“教材所列语法点的其他用法和类型”以及讲解“教材中所列出的语言点”(应答例数分别为 77.4%、77.4% 和 61.3%)。认可度最低的是教师自己认为重要的语言点。

2.语言点教学时段认识。

表2　学习者倾向的语法教学时段

调查问题	频次/次	有效百分比/%
1.每节课的上半段	19	61.3
2.每节课中间	11	35.5
3.每节课下半段	1	3.2

关于语法教学应该在什么时段进行，学生被试最认可的是教师在课堂教学上半段进行语言点教学，占61.3%。每节课下半段进行语言点教学这一项的选择最少，只占3.2%。

3.语法教学的时机认识。

表3　学习者倾向的语法教学时机描述统计结果

调查问题	频次/次	有效百分比/%
1.在课文处理前进行专门的语法讲解	11	35.5
2.在课文处理后进行相关的语法讲解	9	29.0
3.在课文处理的同时进行附带的语法讲解	11	35.5

关于语法教学的时机，被试的选择较为均衡，首选的是“在课文处理前进行专门的语法讲解”或“在课文处理的同时进行附带的语法讲解”，有效百分比均为35.5%。而相较之下，“在课文处理后进行语法讲解”认可度较低，认可率为29.0%。这表明学习者倾向于在课堂教学中教师能够进行专门的语法讲解，或者在课文语境中附带地学习语言点。

4.语法教学时间占每一课教学总课时的比重认识。

表4　学习者倾向的语法教学比重

调查问题	频次/次	有效百分比/%
1.在每一课的教学中，语法教学占1/2	6	19.4
2.在每一课的教学中，语法教学占1/3	18	58.1
3.在每一课的教学中，语法教学占1/4	7	22.6
4.在每一课的教学中，语法教学占1/5	0	0

关于语法教学应该在每一课(指包含生词、课文、语法和练习的完整一课)的课堂教学中所占的比重，超过半数的学生被试倾向于语法教学所占比重应该占总课时的1/3左右，认同率为58.1%。其次是1/4和1/2的教学比重，而选择语法教学时间为总课时1/5的被试为0。这一定程度上反映出学生被试对语法教学的重视度。

关于语法教学方法，绝大多数学生被试认为语法教学应该融合传统的语法翻译法和听说法、交际法进行，这也与当前大多数汉语教学课堂情况相符。

(二)语法教学具体环节的认识

1.语言点导入环节。

表5　学习者倾向的语法导入方法

调查项目	平均分	标准差
1. 开门见山，直接导入语言点教学	4.13	0.863
2. 利用情景导入语法教学	4.26	0.729
3. 通过师生问答对话导入语法教学	4.27	0.828
4. 联系已经学过的语法知识，以旧带新进行导入	4.39	0.715

关于采用何种方法进行语言点导入，四项选择的平均值都高于4，这表明，被试对这几种语言点导入方式认可度都比较高。其中，最受学习者认可的是以旧带新的导入，均值达到4.39。直接导入的均值相对较低，为4.13。这说明相对于后三种导入方式，学习者对直接导入的认可度略微低一些。

2.语言点讲解环节。

表6　学习者倾向的语法讲解方法

调查项目	平均分	标准差
1. 采用演绎法讲解语言点	4.48	0.570
2. 采用归纳法讲解语言点	4.58	0.564
3. 不明确谈论语法规则，采用隐性教学法	3.03	1.354

关于采用何种方法进行语言规则的讲解，采用演绎法和归纳法的均值分别高达4.48、4.58，数据表明学习者对演绎式和归纳式语言讲解的认可度很高，也表明泰国汉语学习者倾向于教师使用显性语法教学法(包括演绎法和归纳法)。从对显性语法教学与隐性语法教学的认可程度比较来看，隐性教学法的平均值只有3.03。这表明学习者更倾向于教师使用显性教学法而不是隐性教学法进行语法教学。

表7　学习者关于语法讲解语料和辅助手段的认识

调查项目	平均分	标准差
1. 采用真实且贴近学习者生活的语言材料	4.55	0.506
2. 借助直观、形象的手段辅助语法讲解	4.39	0.803
3. 借助现代教育技术(PPT、视频等)辅助语法讲解	3.97	0.836

关于语言材料的选择和辅助手段的使用，前两项均值都高于4.30，说明绝大部分的学生

被试都赞同教师采用贴近学习者生活的真实语料，直观、形象地进行语法讲解。相较而言，借助现代教学技术辅助语法讲解认可度略低，均值为3.97，说明学生被试对其的认可度相较前两项略低。

表8　学习者关于语法讲解媒介语与句法停顿的认识

调查项目	平均分	标准差
1. 使用学生母语讲解语法	4.03	1.016
2. 为帮助理解，老师说句子时加入句法停顿	4.23	0.805

关于语法讲解中的教师用语，其平均值为4.03，表明被试较为赞同教师在课堂教学中使用学生的母语进行语法讲解。另外，关于句法停顿问题，选择均值为4.23，数据表明学生被试对教师说句子时加入语法停顿认可度也比较高。

表9　学习者倾向的语法规则输入方式

调查项目	平均分	标准差
1. 通过简化输入帮助学习者理解(简化输入)	4.13	0.718
2. 尽可能为学习者提供详尽解释(繁化输入)	4.39	0.715

关于语言讲解输入方式，两项的平均分都高于4.10，说明学习者对简化输入和繁化输入的认可率较高，二者相比，后者高于前者。这说明学习者更倾向于教师能尽可能地为学生提供详尽的语法解释，进而帮助学生理解。

3.语言点操练环节。

表10　学习者倾向的语言规则操练方法

调查项目	平均分	标准差
1. 大量采用重复、替换等机械性练习	4.03	0.875
2. 采用“看图说话”“介绍……”等表达性练习	4.20	0.761
3. 采用教师主导的问答方式来进行操练	4.19	0.749
4. 设计交际性的任务或活动让学习者练习语言点	4.33	0.711
5. 通过写的途径(如:写句子)进行语言点练习	4.16	0.820
6. 依靠小组合作的方式完成语法练习活动	3.58	1.148

关于什么样的练习方式对于掌握语法更有效，调查中，除第六项外，其他的练习方式均值都超过4，说明前五种语言操练方式受到学习者认可。认可度最低的是“依靠小组合作的方式完成语法练习活动”，均值为3.58。总的来说，其认可度由高到低分别为交际活动练习、表达性练习、问答式练习、机械性练习、写的练习、小组合作式练习。

4.语言点纠错环节。

表 11 学习者倾向的语言规则纠错方式

调查项目	平均分	标准差
1. 不直接指出学生的错误(间接纠错)	3.35	1.199
2. 直接指出学生的语法问题(直接纠错)	4.45	0.624

在纠错方面,直接纠错平均值高于间接纠错。这表明学生被试更加倾向于教师采用直接纠错的方式来帮助学习者纠正语言错误。

三、需求导向型泰国初级汉语教学有效语法教学模式建构

对外汉语教学模式,就是从汉语独特的语言特点和语言运用特点出发,结合第二语言教学理论,在汉语教学中形成或提出的教学(学习)范式(李泉主编,2006:295)。严格说来,语法教学模式不是一成不变的。但是,另一方面,不同的模式中存在着某些体现语法教学规律的共有因素,包括基本的语法项目、手段、程序等(崔永华,1989)。经过上文对泰国高校初级汉语学习者有效教学观的描述统计分析,参照国际汉语教学模式框架(谷陵,2013),把教学模式分为宏观、中观和微观三个层面,分别对应教学理念、设计和实施。本文构拟出针对泰国高校初级汉语水平学习者的语法教学模式,具体如下:

表 12 需求导向型泰国初级汉语水平教学有效语法教学模式构拟

宏观层面设计	
教学理念	以学生为中心、减少师生“感知失配”
中观层面设计	
教学设计	混合式语法教学法(融合传统的语法翻译法和听说法、交际法)
微观实施层面设计	
语法教学内容	学习者常见偏误＝教材所列语法点的其他用法和类型＞教材中列出的语言点
语法教学时段	在每节课的上半段讲解＞在每节课中间讲解
语法教学时机	在课文讲解前或课文讲解后进行专门的语言规则讲解
语法教学比重	语法教学所占比重应该占总课时的 1/3 左右
语法教学材料	采用真实且贴近学习者生活的材料
教学辅助手段	借助直观、形象的手段辅助语法讲解,适当采用 PPT 等现代教育技术
媒介语与停顿	为帮助理解,老师说句子时可加入句法停顿,有条件的可以使用学生母语进行讲解

续表

导入环节	以旧带新导入＞问答式导入＞情境导入＞直接导入
讲解环节	显性教学法＞隐性教学法；演绎法＞归纳法
操练环节	交际性练习＞表达性练习＞问答式练习＞机械性练习＞写的练习＞小组合作式练习
纠错环节	直接指出学生的语法问题

四、研究启示与不足

本文从学习者需求导向出发，描述分析学习者有效语法教学需求，进而构拟出泰国初级汉语教学中的有效语法教学模式，笔者认为，此次研究有如下启示：

第一，需求导向型逆向设计值得关注。以往的语法教学模式研究多为基于课堂教学的行动研究或者实验研究，而从学习者需求出发的逆向模式设计还有很大的发展空间，也符合"学习者为中心"的教学理念。

第二，教师应关注学习者需求，减少"感知失配"。研究发现，学习者对不同教学环节的教学有效性认识不尽相同，教师应该在课堂教学前尽可能了解学习者需求，进而更好地进行语法教学输入。

本文还有很多需要改进的地方，如学生被试的数量较少，男女被试的比例不太均衡等，有待在未来进一步的研究中进行改进调整。

参考文献

陈美英(2010) 泰国高校初级汉语综合教材语法项目选取和编排研究，浙江大学硕士学位论文。

陈晓静(2009) 泰国公立中学"快乐学汉语"教学模式构想及实验，暨南大学硕士学位论文。

成明智(2012) 泰国三套初级汉语教材语法项目的选取及其编排研究，上海师范大学硕士学位论文。

程 爽(2008) 基于对比实验的泰国儿童汉语教学模式研究，山东大学硕士学位论文。

崔永华(1989) 对外汉语语法课堂教学的一种模式，《世界汉语教学》第2期。

丁安琪(2006) 专职对外汉语教师对课堂活动看法的调查——对外汉语课堂活动系列调查之一，《语言教学与研究》第6期。

谷 陵(2013) 美国名校在华汉语强化教学模式研究——兼谈国际汉语教学模式研究理论与方法，中央民族大学博士学位论文。

汲传波、刘芳芳(2013) 职前国际汉语教师语言教学信念调查研究，《汉语教学学刊》第9辑。

李 敬(2012) 泰国初级学生汉语语篇偏误分析及其教学初探，山东大学硕士学位论文。

李 泉(1996) 对外汉语课堂教学的理论思考，《中国人民大学学报》第5期。

李 泉主编(2006)《对外汉语课程、大纲与教学模式研究》，北京：商务印书馆。

刘文静(2015) 泰国学生汉语初级阶段常见语法偏误分析，湖南师范大学硕士学位论文。

吴应辉、杨吉春(2008) 泰国汉语快速传播模式研究,《世界汉语教学》第4期。
曾　阳(2012) 泰国职业学校汉语综合课教学模式及应用研究,山东师范大学硕士学位论文。
张　可(2015) 泰国成教委短期汉语教学模式研究,吉林大学硕士学位论文。
周哲明(2012) 泰国初级汉语语法教学研究,上海师范大学硕士学位论文。
Alan V. Brown(2009). Students' and teachers' perceptions of effective foreign language teaching: a comparison of ideals. *The Modern Language Journal 93*.
B. Kumaravadivelu(2003). *Beyond Methods: Macro Strategies for Language Teaching*, Yale University Press.
Teresa R. Bell(2005). Behaviors and attitudes of effective foreign language teachers: results of a questionnaire study. *Foreign Language Annals*, Vol. 38, No. 2.
Wu, Kam-yin(2006) Teacher Beliefs and Grammar Teaching Practices: Case Studies of Four ESL Teachers. The HKU Scholars Hub: http://hdl.handle.net/10722/51320.

(责任编辑:刘玉屏)

普北班，美国在华汉语项目的一个典范

〔美国〕顾利程

提　要　在过去的二十几年里，越来越多的美国大学选择来中国建立汉语项目，其中最著名的项目当属普林斯顿大学暑期北京汉语培训班。本文通过介绍其学员挑选、教师培训、教学原则、课程设置、教材选编及课余活动，旨在说明普林斯顿大学暑期北京汉语培训班成功的原因。希望该项目的成功经验对国内对外汉语教学的同行有所启示。

关键词　普北班；教学原则；教师培训；课程设置；教材选编

Princeton in Beijing Summer Chinese Language Program, a Model Program to Follow

〔USA〕 **Licheng Gu**

Abstract　In the past 20 years, more and more American universities established their summer Chinese language programs in China. Among them all, Princeton in Beijing Chinese Language Program (PiB) is considered the most successful. Through analyzing PiB's practice in selecting students, training teachers, adhering to total emersion teaching method, developing curriculum and teaching materials, as well as designing extra curriculum activities, this paper aims at explaining the reasons of success to the Chinese language colleagues in China.

Key words　PiB, teaching methods, teacher training, curriculum development, textbook development

---

【作者简介】顾利程，Licheng Gu，男，美国西北大学教授，曾经多年担任该校亚非语言项目主任、中文部主任，主要研究方向为对外汉语教学法。

〇、引言

普林斯顿大学暑期北京汉语培训班是美国在华暑期汉语项目的一个典型。该项目汉语简称“普北班”，英语简称 PiB，由 Princeton in Beijing 这三个英文字的第一个字母组成。普北班在北京不仅教出了一批又一批高质量的美国学生，这些学生如今正活跃在中美政治、经济、文化交流的舞台上；而且在教学实践中培训出了一批又一批年轻教师，帮助他们更快地走上了对外汉语教学的道路。在众多的美国在华汉语项目中，普北班一直是生源最多、来源最广、项目最大、效果最好的汉语项目，在中美汉语教学界享有极高的声誉。了解普北班成功的秘诀有助于国内院校的对外汉语项目提高教学水平，完善学生管理制度，加强师资的岗前及岗上培训，组织丰富的文体活动，从而吸引更多的外国留学生来华学习汉语。

一、背景介绍

普北班是由普林斯顿大学与北京师范大学联合举办的“沉浸式”暑期汉语培训班，创立于 1993 年，至今已有 24 年的历史。普北班的创始人是普林斯顿大学东亚系汉语部主任周质平教授。从 1993 年至今，周质平教授每年夏天带领其普大教师团队来北京师范大学办学。

有人说普北班是美国明德暑期中文学校(Middlebury Summer Chinese School)在中国的延续与升级版，这种说法是有道理的。周质平教授曾于 1983 年至 1992 年之间担任明德暑期中文学校的校长，积累了丰富的“沉浸式”强化汉语教学及管理经验。明德中文暑校是在美国本土人为制造汉语环境，暑校教师及学生都不说英语，只说汉语。但是无论明德暑校如何努力，校园之外的明德小镇仍然是英文环境，与拥有丰富、自然汉语语言环境的北京无法相比。周质平教授很早就筹划把明德教学管理模式搬到北京，让成熟的明德模式与北京丰富的语言环境相结合，使学生无论是在课堂上还是在课堂外，在校园里还是在社会上，都能全方位接触鲜活多彩的汉语，以最快的速度提高汉语水平。

自从 1993 年成立以来，普北班于每年 6 月中旬开始，8 月中旬结束，历时八周。分前四周与后四周，中间有一个从星期五至星期日的长周末，学生可以利用这三天的时间到外地观光旅游或者留在北京调整休息。普北班是一个超级强化暑期汉语项目，每四周需要完成美国大学一个学期的教学任务，八周完成一个学年的教学任务，只有保持如此进度才能保证学生回到自己的母校之后可以上高一级的汉语课。

二、学生状况

普北班每一期学生170名左右，他们中大约一半来自于普林斯顿大学本校，另一半来自美国其他院校，其中有耶鲁大学、斯坦福大学、加州大学、布朗大学、康奈尔大学、宾夕法尼亚大学等众多美国名校。普北班有良好的口碑，甚至有的学生慕名从欧洲远道而来。普北班只接收已经学汉语学了一年以上的学生。每一个学生都要按期递交申请资料，经过认真审核，严格挑选。

普林斯顿本校的学生需要经过面试，外校的学生需要提交汉语录音资料，或者通过电话访谈、网上视频面试，展现自己是否具有学好汉语的潜质。所以说，普北班的学生都是在众多申请者中挑选出来的尖子学生。

为了使每一位学生能够沉浸在汉语环境当中学好汉语，所有学生在开学之前，都要正式签署语言誓约，保证在普北班期间只说汉语，不说其他语言。如有违反，必当重罚。首次违反者口头警告，二次违反者书面警告，三次违反者将被逐出项目。语言誓约可以强迫学生说汉语，用汉语思考问题。学生初期可能会有些不习惯，但是后期所有学生都开口就是汉语。

作为一个暑期汉语强化进修班，普北班学生的日程安排非常紧凑繁忙。他们一般的日程安排如下：8:00—8:50第一堂汉语课；9:00—9:50第二堂汉语课；10:10—11:00第三堂汉语课；11:10—12:00第四堂汉语课。周一至周四下午2:00—5:00与一位老师做50分钟的个别谈话。周日至周四晚上8:00—10:00教师答疑时间。

三、教师培训

普北班的教师队伍每一期有65—70名。每个年级的年级主任及主讲者都是熟悉普林斯顿大学教学模式的资深教师，其他教师皆在当地招聘。当地教师大部分是中国文学、历史、哲学、语言学、对外汉语及相关专业的在读研究生，其中也包括一些已获得硕士或博士学位并且开始工作的年轻教师。每一个教师都是在众多的应聘者当中经过面试、试讲层层筛选脱颖而出。他们抱着学习的态度慕名而来，在有经验的教师辅导下历练自己，在岗前及岗上接受培训。他们在开学前接受一周的岗前培训，了解普北班的教学特点，观摩他人上课，学习如何把每一堂课教好。在岗上随时接受年级主任的辅导，并且集体备课，互相听课，随时改进教学方法。岗后参考学生对自己的教学评定，总结经验，为将来的教学制定改进的措施。经过一个夏天的历练，新教师们学到了普北班的工作作风，培养出了积极认真的工作态度，对自己的教学逐渐建立了信心，秋天或者来年就可以走上正式的汉语教学的工作岗位。

业内有人称普北班为汉语教学界的“黄埔军校”,称其教师队伍为“乌合之众,一夜成军”。普北班是如何在短期内使一群初出茅庐的年轻人变成一个团结互助、虚心学习的团队的呢?究其原因,奥秘有如下三点:第一,普北班有着一支团结合作的核心教师队伍。他们言传身教,引导新教师把一点一滴的工作细节做好。第二,普北班有着良好的文化传统,而这种积极投入、认真工作的态度感染着每一位来普北班工作的教师。第三,普北班有着严明的工作纪律与奖励制度,教师们有了差误会有人立即指出并帮助改进,有了成绩会立即得到承认与奖励。这一切都促使一群原本互不相识的年轻人团结合作,教好每一堂课,教好每一个学生。所以除了培养汉语学生之外,普北班也被视为培训对外汉语教师的重要基地。自 1993 年起,普北班已培训了超过 1200 名对外汉语教师。许多在普北班教学成绩优异的教师通过自主择业获得了在美国大学教汉语的工作机会,还有部分普北班老师由国家汉办派遣,奔赴欧洲、日本、韩国、东南亚国家进行汉语教学工作。其他美国在华项目也经常慕名前来,带领所属汉语教师到普北班听课观摩,学习普北班的管理经验及教学经验。

普北班每个学生的学习任务极其繁重,而教师的工作量也同样巨大。他们每人每天要教两节汉语课,听年级主任的课,天天自己备课,跟两个或者三个学生做一对一个别谈话,每个学生至少 50 分钟。每周要参加两次集体备课、两次中文桌子、两次值班答疑。除此之外,他们还需要帮助学生准备演讲比赛,准备中国之夜的节目,或者组织其他娱乐活动。无论是精神上还是体力上,这对很多新老师都是一个严峻的考验。所以学生和教师在申请普北班之前,首先要认真考虑自己能不能在这八周之内全身心地投入到工作中来。如果这个问题还没有考虑好,建议她/他不要申请,因为普北班需要她/他全身心地投入,她/他最后会意识到这一切是值得的。她/他会在这八周之内学到很多在自己学校里学不到的东西,她/他会在有经验的老师指导下学会如何写教案,如何上课,如何批改作业、作文、考卷,如何跟学生一对一谈话,如何帮助学生,如何与同事合作。最重要的是她/他能学到普北班团结合作、认真工作的精神,这种精神会使年轻教师终身受益。

四、教学原则

秉承普林斯顿严谨的教学传统,普北班极其重视帮助学生打下一个良好的语言基础,确保每一个学生说汉语时发音准确、选词准确、句法准确、语境得宜。在流利与准确之间,普北班首先重视学生要在恰当的语境中使用正确的句法,选择恰当的词汇,字正腔圆地说出一个句子,打好坚实的基础以后再慢慢发展流利。普北班认为,流利可以随着逐步的练习慢慢获得,但是准确,特别是发音的准确必须在初级阶段就掌握,否则不准确的发音一旦养成习惯,一旦石化,就永远也改正不过来了。没有准确就没有真正意义上的流利,而准确以后再达到流利是水到渠成的事情,这是普北班教学的最重要的宗旨。因此纠正发音、改正错误是教师课上课下的重要任务。基于如上理念，普北班具有如下特点及特色活动：

每个教师一般一次上两个小时的课，中间有十分钟休息。在第一节课上，教师会把本课的主要语言点及文化背景介绍给学生，并且通过例子及问答让学生理解运用本课的新内容。教师也会随时与学生就本课所涵盖的内容沟通问答，检查学生是否已经理解掌握。每一个学生都会在一个小时之内有七至八次被点名发言的机会。学生可以自己举手提问或者发言。但是在大多数情况下，教师会点学生的名字发言，特别是还没有主动举手发言的学生。所以在课上不可能有被遗忘的学生。在课上当然绝对看不到教师在讲台后面侃侃而谈。他们总是在用学生听得懂的汉语做简单解说，用例子佐证，并且在设定好的情景或者选定专题下组织学生讨论、问答。所以教师就像一个乐队的指挥。他要把所有人都调动起来，让每一个学生在每一分钟都在积极参与练习或者讨论。教师也会当堂回答学生的问题，但是这种情况不是特别多，因为教师早已预知学生可能会有什么问题了。

在第二节课上，教师会把刚刚讲过、练过的课文和语言点再重新组织学生在设定的情景下操练。在第一节课上，一个学生可能对一个语言点只有一次开口练习的机会。而在第二节课上，每一个学生对每一个语言点会有多次的练习机会。每一节课的节奏通常都非常快。学生在课上会根据每一个语言点反复练习。教师不会用很多时间讲解什么，而会利用寥寥几句话就创造出一个语境，在此语境当中组织学生问答、讨论。教师会快速分配问题，让每一个学生有相同的练习时间，不会留下一个死角。一个学生回答好以后，教师会立即转向下一个学生。他们最常用的一句话是“你呢？你呢？……”所以课上学生总是异常紧张活跃，随时随地在用汉语沟通。在汉语课上，学生不仅可以跟教师问答，也可以与同学问答。而他们的任何对话都在教师的监控当中。所以教师上课时总会眼观六路，耳听八方，密切注意学生的发言质量。他们会特别注意学生中文四声及变调是否掌握、轻声及儿化音是否使用得当、发音吐字是否准确、句法结构是否正确、用法及情景是否符合中国人说话的习惯。学生所出现的任何差误都会立即得到教师的纠正。学生会有机会改正错误，直至改好为止、掌握为止。教师不仅帮助学生练习本课中的语言点，而且随时会加上前面课文学过的单词，并在此基础上扩展。温故知新，让学生有机会用刚学过的语言点，表达自己的意见，解释自己的意图，完成自己的学习任务。

为了保证学生上课时得到大量的练习机会，普北班的汉语课每个班只有四五个学生。除此之外，课下学生也有大量的与教师交流学习的机会。普北班为学生聘请了较多的教师，师生比例1∶2.5，平均一个教师负责两三个学生。通过汉语课、中文桌子、个别谈话、办公时间、文体活动、周末郊游等活动，学生可以随时跟教师练习汉语，在听说读写各个方面得到帮助。

五、课程设置

每位学生开学之前都要参加分班考试。虽然学生申请报名的时候已经说明自己当时的汉语班级，但是到普北班以后还要参加一次面试及笔试，以确保每一个学生都能够承受所在班级的进度与压力。普北班希望每一个学生都能最大程度地从每一堂课上受益，但是也不希望难度过高，压垮学生，或者难度不够，对学生没有挑战。

根据学生分班考试成绩，学生将被分进二年级汉语班、三年级汉语班、三年级华裔汉语班、四年级汉语班及五年级汉语班。这些班级的汉语水平与普林斯顿大学汉语课程的水平保持一致。因为零起点的学生不容易遵守语言誓约，不能最大程度地利用中国的语言环境，所以普北班不开设一年级汉语班，学生须在美国学完一年起步汉语课以后，再到中国来腾飞。下面是二至五年级的汉语课程简介：

二年级汉语 105C、107C：遵循先准确再流利的原则，教师致力于帮助学生在听说读写四个方面打下坚实的基础。课本为《新的中国：现代汉语中级读本》。该课本引导学生逐渐从日常生活对话转向有较为深刻文化内涵的话题。通过一个美国留学生的视角，这部课本讲述了一个美国人眼中的中国，其观察与见解令人思索与回味。课程前四周完成普林斯顿二年级秋季学期 105C 的教学任务，后四周完成普林斯顿二年级春季学期 107C 的教学任务。该课程适合在美国学完一年的非华裔汉语学生。

三年级汉语 303C、304C：这门课程旨在进一步提高学生听说读写的能力，同时把现代中国介绍给学生。通过学习教科书《事事关心：现代汉语高级读本》及《中国社会百态：现代汉语高级读本》，使学生掌握有关中美现代社会的词汇，了解主流媒体所涉及的社会问题，讨论如何面对或者解决这些社会问题。该课程前四周完成普林斯顿三年级秋季学期 303C 的教学任务，后四周完成普林斯顿三年级春季学期 304C 的教学任务。该课程适合在美国学完两年汉语的非华裔汉语学生。

三年级汉语 305C、306C：这是一门专门为华裔学生设计的课程。华裔汉语课与非华裔汉语课最大的区别在于前者侧重读写，后者侧重听说。华裔汉语课程同样在进一步提高学生读写的能力的同时，把现代中国介绍给学生。通过教科书《事事关心：现代汉语高级读本》及《中国社会百态：现代汉语高级读本》，学生掌握有关中美现代社会的词汇，了解官方媒体所涉及的社会问题，讨论如何面对或者解决这些社会问题。该课程前四周完成普林斯顿三年级秋季学期 305C 的教学任务，后四周完成普林斯顿三年级春季 306C 的教学任务。该课程适合在美国学完一年华裔强化汉语的华裔学生。

四年级汉语 403C、404C：为了充分利用北京的教学条件，四年级汉语学生将全身心沉浸在鲜活的语言资源当中。除了学习《无所不谈：现代高级汉语》及《文学与社会》中的一些课文以外，学生还学习讨论北京报刊中的文章，广播电视中的时事报道，以了解中国民众关心的社会现实问题。该课程前四周完成普林斯顿四年级秋季学期 403C 的教学任务，后四周完成普林斯顿四年级春季学期 404C 的教学任务。该课程适合在美国学了三年汉语的非华裔学生或者学了两年强化华裔汉语的学生。

五年级汉语 451C、452C：该课程旨在把学生的汉语水平提高到近乎母语者的水平，帮助学生掌握用汉语做调查研究的能力，或者让学生有能力从事与汉语相关的工作。该课程使用的教材选自于现当代中国文学作品、电影作品、思想史以及一些有关时事的文章。会从《中国的危机与希望》中选读一些章节，也会从中文报刊中选用一些相关文章。如果学生有兴趣，也可以加上一些文言文短篇。该课程前四周完成普林斯顿五年级秋季学期 451C 的教学任务，后四周完成普林斯顿五年级春季学期 452C 的教学任务。该课程适合在美国学过四年的非华裔学生，或者学过三年强化华裔汉语的学生。

上述每个年级的课程分成前四周与后四周两个阶段。整个八周相当于美国正常学校一学年（春秋两个学期）的课程。暑期的前四周完成正常美国学校秋季学期的教学任务，后四周完成春季学期的教学任务。遵循学季制的学校一个学年有秋季学期、冬季学期、春季学期，因此需要对普北班的学分酌情处理。

六、教材

在中国办学期间，除了选用一些有关时事的相关报刊的文章以外，普北班使用的教材基本上是普林斯顿大学自己编辑出版的课本。周质平教授根据汉语语言的特点及美国学生的特点和兴趣，带领他的同事编出了一套又一套深受学生喜爱的教材，其中有：《人民日报笔下的美国》(1993)、《现代汉语高级读本：中国知识分子的自省》(1993)、《华夏行》(1995)、《中国的危机与希望》(1996)、《文学与社会》(1999)、《新的中国》(1999)、《事事关心》(2001)、《中国古典短篇小说选读》(2005)、《无所不谈》(2006)、《当代中国电影选读：中国的侧影》(2008)、《中国社会百态》(2010)、《中国啊，中国》(2011)、《文学中的现实》(2014)。

普北班的教材难易程度循序渐进，文体多种多样，课文风趣幽默，寓意深刻，耐人深思，解释详尽清晰，练习丰富实用，深受学生及教师的喜爱。普林斯顿大学编写的教材不仅供本项目的学生使用，同时也被众多美国学校及美国在华项目选用。这些教材除了具有严谨的科学性和实用性以外，最大的特点是其中的话题有争议性。这些敏感话题总是能够激发学生们进一步思考和辩论。比如堕胎的问题、吸毒的问题、婚外恋的问题、同性恋的问题、童工的问题、种族歧视的问题、恐怖主义的问题、中美文化差异的问题，等等，都是一些具有时代意义的问题。对待同样的话题，不同的美国学生会有截然不同的观点。这恰恰是引起学生使用汉语进行深入讨论的关键所在。

七、活动

除了中文课以外，学生还参加各种文化体育活动，以丰富在北京的生活。

(一)中文桌子

六七名学生与一两位教师每周参加两次中文桌子,可以是午饭,也可以是晚饭。学生与教师商量去哪家餐馆用餐,点什么菜,要什么主食,等等。在整个过程当中,学生要看菜单,跟其他同学、老师商量怎么荤素搭配,需要与餐馆服务员沟通,表达他们的要求,在实践中学汉语。通过在一起吃饭,学生与教师也增进了了解,培养了感情。当然这也是同学跟教师在非正式场合交流、学习的机会。

(二)个别谈话

每一个学生除了每天上午四节汉语课以外,星期一至星期四每天下午还需要参加一个与教师的一对一个别谈话。每个年级的学生的个别谈话时间长短不等,有的年级一个人 50 分钟。学生可以带着自己的话题或者问题来与教师交流。教师也会准备好恰当的话题与学生讨论。学生每天的个别谈话与不同的教师进行,以保证学生可以从不同的教师那里学到新东西,跟本年级所有的教师交朋友。

(三)答疑时间

星期日至星期四每天晚上 8:00—10:00,每个年级会有数名教师在不同的教室给学生答疑。每次答疑值班的教师占全体教师的 1/3,约 20 名。学生的作业中有什么问题,当天学的内容还有什么没有完全掌握,自己的作文应该研究什么专题,都可以找教师咨询,跟教师反复练习。

(四)专题讲座

周一下午或者晚上有客座演讲。如果遇有合适人选,随时另加。以下是 2014 年夏天的报告日期与内容:

Matt Ferchen (06/30):变化中的中国 Understanding the Changing China Model of Development at Home and Abroad

Lanchih Po (07/07):中国城市发展所面临的挑战 China's Urban Challenges

Helen McCabe (07/14):无能为力的非政府组织:过去 20 年中国痴呆儿童救助状况 NGOs and Disability: Reflections on 20 Years of Autism Services in China

Jiebiao Wei (07/21):在中国任教 Teach for China

Megan Steffen (07/28):中国的人口过剩问题 Overpopulation, Its Effects, and Research in the PRC

Ye Qi (08/04):中国的环保政策与实施及其低碳经济的发展 China's Policy and Actions on Climate Change and Low Carbon Economic Development

（五）演讲比赛

为了提高美国学生的汉语演讲能力，普北班与哥伦比亚大学北京班、哈佛大学北京书院轮流坐庄，组织京津地区美国在华学生汉语演讲比赛。每年八月的第一个星期六，来自二十几个美国在华汉语项目的学生汇聚北京师范大学、北京大学或者北京语言大学，参加一年一度的汉语演讲比赛。每年的参赛选手多达百人。比赛分六个小组进行，其中有普通二年级组、普通三年级组、普通四年级组、普通五年级组、华裔二三年级组、华裔三四年级组。各个项目的学生根据在中国所在的年级参加相应组别的演讲比赛。比赛内容一般是学生做一个完全脱稿的演说，学生自选题目，内容不限，但是必须在五分钟之内完成。

为了展示自己刻苦学习的成果，取得好成绩，各个汉语项目的学生积极报名备战，老师也认真指导，保证自己的选手在演讲中字正腔圆、准确流畅清晰地讲述感人的故事、陈述自己的观点。这个比赛与美国本土的演讲比赛最大的不同在于学生演讲的内容。在北京的演讲比赛中，选手们讲述的是他们在中国的所见所闻，可能是他们的一个中国朋友、一次郊外旅行、一次在中国人家中就餐的经历、一次看中医的经历、一次购物的经历、一次迷路的经历等。这些都是学生们丰富多彩、趣味横生的生活素材。在中国的经历也让他们深思：为什么中国人如此重视家庭？为什么中国有人口老化的问题？为什么中国的环境污染问题如此严重？为什么中国人有的勤俭持家，有的挥霍浪费？有的崇拜美国，有的仇视美国？在演讲中选手们发表自己的观点，显示出学生们独立思考的能力和不轻易接受媒体影响的素质。所以，每一次汉语演讲都是美国各个在华汉语项目相互学习、交流碰撞的好机会。

（六）文体活动

每年夏天普北班都给学生准备了多种多样的课余活动，以丰富学生的留学生活。请看2014年夏天的活动计划：太极拳课（前六周）、书法课（第二周、第三周）、中国山水画（第五周、第六周）、游览长城（06/28）、足球比赛（07/04）、国际表演艺术中心音乐会（07/05）、京东石林（07/12）、塔林（07/26）、梨园剧场（08/01）、美国在华汉语项目演讲比赛（08/03）、北京之夜（08/09）、结业宴会（08/15）。

八、结语

在过去的24年里，普北班与北京师范大学通力合作，取得了巨大成就。教出了2000多名高质量的汉语学生，同时通过教学实践培养出了一批又一批的优秀对外汉语教师。

经过蜜月期、磨合期、调整期的不同阶段，普北班与北京师范大学如今已经进入了成熟期，取得了丰硕的成果。双方的合作虽然有过风波，甚至冲突，但是经过沟通，逐渐了解了双方的文化差异，双方合作越来越默契。一方越来越尊重普北班学生的特点，教学的风格，教材的选用，师资的聘任；另一方也越来越尊重中国的国情，理解对方的难处，感谢对方在签证、宿舍、教室、食堂、车辆、教师资源等方面给予的保障。双方意识到，只有在相互尊重、双赢互利的基础上才能把中美联合项目办好。所以才有了24年普北班与北京师范大学的不离不弃，精诚合作。他山之石可以攻玉，希望普北班能给美国其他在华项目树立一个好的榜样，也能给国内院校暑期汉语项目在项目设计、学生管理、教师培训、课程设置、教材编写、活动安排等方面提供宝贵的经验。

参考文献

周质平、王学东(1993)《人民日报笔下的美国》，Princeton：Princeton University Press。

周质平、杨　玖、赵德麟(1993)《现代汉语高级读本：中国知识分子的自省》，Princeton：Princeton University Press。

周质平、赵德麟(1995)《华夏行》，Princeton：Princeton University Press。

周质平、王学东、杨　玖(1996)《中国的危机与希望》，Princeton：Princeton University Press。

周质平、王　颖、王学东(1999)《文学与社会》，Princeton：Princeton University Press。

周质平、杨　玖、张家惠(1999)《新的中国》，Princeton：Princeton University Press。

周质平、夏　岩、吴妙慧(2001)《事事关心》，Princeton：Princeton University Press。

周质平、杨　玖、夏　岩、曾心怡、刘欣欣、刘　帆(2005)《中国古典短篇小说选读》，Princeton：Princeton University Press。

周质平、魏华慧、安　琨、王蔚蓝(2006)《无所不谈》，Princeton：Princeton University Press。

周质平、王　蔚、杨　玖(2008)《当代中国电影选读：中国的侧影》，Princeton：Princeton University Press。

周质平、王晶玉、杨　玖、魏华慧(2010)《中国社会百态》，Princeton：Princeton University Press。

周质平、林培瑞、王学东(2011)《中国啊，中国》，Princeton：Princeton University Press。

周质平、于丽萍、杨　玖(2014)《文学中的现实》，Princeton：Princeton University Press。

（责任编辑：吴应辉）

对美国小学汉语教师职场交际胜任力的调查与思考*

贺怡然　田　艳

提　要　近些年，美国小学汉语教学得到了迅速发展，不过对于美国小学汉语教师胜任力的研究却较为薄弱，其中“职场交际胜任力”的研究更是少见。本文运用实地考察法、调查访谈法、课堂观察法、对比借鉴法等综合研究方法，从协同工作和人际交往两个方面，探讨美国小学教师职场交际胜任力的培养，以期对今后外派教师的职前培训提供启示和借鉴。

关键词　教师能力研究；美国小学汉语教师；海外汉语教学；职场交际胜任力；汉语教师培养

Investigation of and Reflection on the Communicative Competence of Chinese Teachers in American Elementary Schools

Yiran He & Yan Tian

Abstract　In recent years, Chinese teaching in American elementary schools has been developing rapidly, but it is competent for the Chinese teachers in American elementary schools. However, the research on “communicative competence in the workplace” is relatively weak. This paper uses the methods of field investigation and interview. Depending on the comprehensive of law, classroom observation, comparison and reference, etc., we discussed American elementary schools from two aspects of cooperative work and interpersonal communication. The cultivation of communicative competence of teachers in the

---

* 本研究受国家汉办汉语国际教育专业学位 2017 年度课题《汉语国际教育硕士语言文化项目设计与实施能力培养研究》的资助。

【作者简介】贺怡然，女，汉语国际教育硕士，现任北京理工大学留学生中心汉语教师。曾赴美国俄勒冈大学进行交换学习，并在美国小学担任过汉语教师，教授汉语和中华文化。

田艳，女，博士，中央民族大学国际教育学院副教授，研究生导师。主要研究方向为汉语国别化教学、国际汉字教学和中华文化传播。

workplace is expected to provide inspiration and reference for the pre-job training of teachers sent abroad in the future.

Key words teacher competence study, American elementary school, overseas Chinese language teacher, competence in workplace communication, Chinese language teachers training

〇、引言

教师胜任力是国际汉语教师培养的重要内容。有研究者将美国小学汉语教师胜任力归纳为专业素养胜任力、课堂教学胜任力、教学管理胜任力、资源整合胜任力以及职场交际胜任力(贺怡然,2014)。在上述教师胜任力中,输入型汉语教师在美国小学情境下的职场交际胜任力是十分重要的能力之一,[①]值得关注和研究。

学校是一种真实的职场环境,教师在工作期间与外界的沟通交往属于职场交际的范畴。在美国小学的职场交际中,存在着与美国文化和社会价值观密切联系的一整套行为规范。交际学者认为,所谓规范,就是恰当得体的交际模式(Mary Jane Collier,1974)。职场中的每一个体都必须遵循其所在交际环境的交际规范,从而扮演好自己的角色(William B. Gudykunst & Young Yun Kim,1984)。

我们认为,输入型美国小学汉语教师在职场交际中扮演着"外语教师"和"外籍员工"的双重角色,这使得汉语教师既要能够在工作中处理好与领导、同事、家长的协同工作关系,又要能够得体地应对职场交际中的各种跨文化交际任务,建立起良好的职场人际关系。目前国内相关机构对于美国小学汉语教师职场胜任力的职前培训较为忽视,并未细化,导致不少新手汉语教师面对美国小学职场环境,缺乏游刃有余、处之泰然的能力。

本文运用实地考察法、调查访谈法、课堂观察法、对比借鉴法等综合研究方法,[②]从职场协同工作与职场人际交往两个角度,对输入型美国小学汉语教师职场交际胜任力进行探讨和构建。

---

① 有学者将海外汉语教师分为输入型汉语教师和本土汉语教师。前者指从中国派出的汉语老师,后者指对象国当地的汉语教师。

② 本文第一作者贺怡然曾于 2013 年至 2014 年 1 月,在美国俄勒冈州 R 小学进行教学工作,期间对一些汉语实习教师和新手教师进行了大量的调查,本文的调查访谈基本上来自贺怡然的这些调查。2017 年,本文作者又进行了一些跟进性的调查,以充实本研究。

一、对美国小学教师职场交际情况的调查与分析

（一）美国小学教师的职场协同工作

美国人的人际关系是建立在契约制度基础上的合作关系，其人际交往准则是个人本位和公平原则。因此，在美国小学职场的协同工作中，教师员工间的人际关系通常表现出民主平等、尊重个体、互利合作的特点。

1.美国小学上下级之间平等相处，各司其职。

美国小学职场中虽然存在着上下级关系，且分工各有不同，但是校长与教师职工之间、班导师与助理教师之间、主课教师与副课教师之间，都共同遵守“平等相处”的原则。

在美国小学，校长全面负责学校的各项事务。但是美国小学校长工作内容与国内教育管理领导干部相比，最显著的特点就是校长需要“深入班级管理，协助教师工作”。比如每天早晚同各班教师一起接送学生，每天在各个教室巡视，协助教师管理课堂纪律，与教师平等合作，保证课堂教学顺利进行，并记住每班学生的名字。校长作为教师职工的一员，与普通教师职工平等相处、相互支持，共同致力于为学生提供优质的教育服务。此外，美国小学教育经费一般不是由各级政府支付，而是由社区自理。社区居民选举出社区教育委员会，并对小学实施监管，也负责校长的甄选和解聘。在这种制度保障下，美国小学内不会形成特权，从而促进了教师职工之间平等关系的形成。

与此同时，全校教职工都在自己的工作岗位上各司其职，恪尽职守，全心全意地为学生服务，他们的共同信仰是“以学生为中心”。除了校长以外，学校几乎没有其他领导岗位的设置，只有按照工作内容区分的各个职能人员。校园行政体系是服务性质的，其职能是配合教学和完善学生服务。

2.美国小学教师个体独立，尊重隐私。

在美国小学职场中，教师个体独立的思维方式、独特的个性行为以及自由的选择方式都受尊重。比如，教室以其班导师的名字命名，贺怡然所在班级的名称为“Diana 教室”，从这一点也可以看出美国小学很注重教师的个体独立。同时，作为自主独立的个体，美国教师很注重保护自己的隐私权，也十分尊重他人的隐私权利，从而形成了“和而不同”的和谐氛围。

在美国小学职场交际中，人们在相互间形成了一些约定俗成的交际默契。比如，美国小学教师的办公室与教室融为一体，教师会在教室内划分出自己的私人空间，在不经其本人允许的情况下，其他人是不能进入该区域或使用其中物品的。另外，教师可以根据自己的意愿设计利用该空间。私人领域和外围环境的分界线无处不在，它虽然看不见摸不着，但它存在于每个人对他人隐私权利的尊重意识中。此外，对于那些有独立办公室的教师来说，办公室的门就被当

作调节隐私的介质。关上门即向外界传递出“请勿打扰”的信息,开着门则意味着正常办公和欢迎(贾玉新,1997)。

3.美国小学注重家校合作。

1897年美国“家长教师联合会”诞生,标志着家长正式介入子女教育,并成为学校教育的重要组成部分。该组织在其建立之初就确定了两项宗旨:家长对儿童进行教育,发挥家长在改进儿童受教育条件方面的作用。到20世纪六七十年代,家长参与孩子教育的作用得到了充分重视(黄河清,2008)。家校合作有很多形式,如参与学校的管理,参与学校的各种活动,甚至参与到学校的教学中。家长与学校的各种交往和沟通都可以视为家校合作行为。

【实地观察:美国小学生家长协助工作;G小学;小叶老师提供】在美国小学校园里可以随处碰到在学校担当志愿者助教的家长:他们有的在课堂里帮助老师辅导学生做作业;有的在体育课或音乐课上协助老师做示范练习;有的在学校储备室里记录各种教学用品的使用情况;有的则辅助教师对个别有特殊需要的学生进行一对一辅导。

由上述案例可知,在校内,美国家长可以参与学校的各项工作,充当着各种角色。在课下,家长也承担着配合教师完成课后延展性教学和为学生营造良好学习成长环境的责任。

美国小学教师认为家长亲自参与教学、观察学生学习、主动发挥特长提高家庭教育能力是非常必要的。美国小学教师注重与每个家长的沟通与合作,他们会指导家长如何科学地完善家庭教育,并根据家长的具体情况,为家长分配助教工作。志愿者家长可以根据自己的时间,每周来学校服务一两次,每次大约两小时。

【案例收集:美国小学延展性家校合作;W小学;小雷老师提供】我的班导师Coco通过家长协会了解到June的爸爸自营了一个农场,于是他通过家长协会与June的爸爸进行了沟通,表示希望能带着学生在June家的农场里进行一次土壤生态圈调查。June的爸爸很乐意提供场所,并自愿承担本次课程的部分教学工作。

由此可见,美国小学的家校合作可以实现教学资源的优势互补,形成多元化的教学模式,将学校课堂教学延伸到更广阔的校外。汉语教师应该对学生家长的作用予以高度重视。

(二)美国小学教师的职场人际交往

在美国小学职场交际中,处处体现着美国人际交往中约定俗成的隐形社会习俗。

1.美国小学人际交往体现公私分明。

美国的人际关系以实用型为价值取向,表现在交往中常常是理智、逻辑超过情感。因此在美国小学教师职场交际中,教师之间很少顾及人情面子,他们常常公事公办,即使是亲朋好友也要“人”和“事”分清。但这并不是说他们一点儿都不讲人情,实际上,美国同事间也广交朋友,只是他们不把人情当作交易手段,因此人情和友情的建立往往是无条件的。

在美国小学,教师职工之间、教师与学生和家长之间也存在着送礼现象,但在美国职场环境中,做下属的不宜送上司礼物,以免影响正常的工作关系(潘宏,2012)。美国人送礼的目的大多只是单纯地表达相互关爱与分享喜悦，其表达形式也是多种多样的，关键在于送礼人需要用心亲自准备礼物，并以此传达情义，同时不会掺杂任何其他目的。礼物不宜过于贵重，那会给对方造成压力，反而不受欢迎。

【实地观察：Diana老师的礼物；R小学；贺怡然实录】Diana老师今天一大清早便收到了一份惊喜，原来是学生家长苏珊送的礼物。礼物用纸袋装着，封口处贴着一束漂亮的干花，系干花的蓝色丝带上用金线穿着一个精致的小卡片。Diana老师开心地读着卡片里的文字："愿你拥有美好的一天。"打开袋子，里面是一份自制的米汉堡。Diana老师说："苏珊是里奥的妈妈，她说自己和里奥都对面粉过敏，所以只能用米代替面做汉堡，她真的是个可爱的妈妈。"

由上述案例可知，美国小学教师可以与家长建立单纯美好的友谊。家长不会代表自己的子女给教师送礼，教师也不会因为与某位家长私交甚好而在工作中偏爱这位学生。

由此可见，无论是教师之间还是教师与家长之间都注重人际关系的建立与完善，但是这种友情是与工作无关的私人情感交流。工作时每个人都会恪尽职守，不会因为"交情"而违反工作中的公平与公正。

2.美国小学人际交往体现公共意识，注重换位思考。

职场环境是一个公共活动空间，个体都有平等享用公共资源的权利，所以为了维护自己和他人的平等权益，美国小学教师强调具有公共意识，并积极为他人着想。

【案例收集：美国小学老师具有公共意识；H小学；小雨老师提供】我们学校的教师卫生间总能保持干净舒适的状态，大家使用过洗手台后会自觉地将台面擦拭干净，卫生间里面也总会备有第二卷卫生纸，以方便他人的使用。教师们还会自发地从家里带来护肤用品供大家使用。教工厨房为教师们冷藏和加热午餐提供方便，大家会自觉地整理冰箱、清洁微波炉，自己倒完咖啡后也不忘在咖啡壶里续上热水。

从上述案例可知，美国小学教师注重公共意识，并在职场交际中形成了一整套约定俗成的交际规则，大家共同遵守这些规则，维护对方的权益，共同营造和谐美好的职场环境。

美国小学基本上都有为教师提供休息交流的"教师之家"，这里便成了教师们在工作之余联络私人情感的地方。美国小学教师会经常带来自制的饮料或甜点，有的教师甚至会将自家菜园里的新鲜蔬果放在这里请大家品尝。在美国人看来，随时分享喜悦与表达感谢，是与同事之间建立友好关系的首要途径，因此教师都很注重用分享与回馈的方式建立工作之余的私人友谊。

【实地观察：美国小学老师"教师之家"的友谊；R小学；贺怡然实录】R小学的资料打印室与员工厨房相连，教师职工经常在打印资料的间隔时间去厨房里冲杯咖啡，于是教师职工们自发地从家里带来各种饮品、零食和茶点放在这里与大家分享。今天桑迪老师为大家做了一份巧克力蛋糕，每位前来品尝的同事都切下一块儿并用纸盘装着端走。下班时，桑迪老师在放蛋糕的地方发现了同事们写的联名感谢卡，同事们在卡上一一签名并写满了赞美与感谢。

二、对美国小学汉语教师职场交际胜任力的观察与思考

(一)美国小学汉语教师的职场协同工作能力

职场协同工作强调学校教育工作者合作进行教学规划与教学实践,其理论依据可以追溯到1930年美国杜威(John Dewey)的研究(黄永和、庄淑琴,2004)。我们认为,从合作对象的角度划分,美国小学职场协同工作具体包括教师与校长之间、教师与教师之间以及教师与家长之间这三方面的协同工作。

目前,在国内相关机构的汉语教师职前培训中,几乎没有出现对职场协同工作能力的培训,该能力的培养分散于"跨文化交际"与"国外中小学教育专题"的课程中。美国小学的职场环境对于新手汉语教师来说就是陌生的,这就要求他们在工作过程中学习如何与同事领导、学生家长进行交际与合作。下面分别从与校长沟通、与教师相处以及与家长合作三个方面来探讨美国小学汉语教师的职场交际胜任力。

1.学会主动与校方交流。

美国小学汉语教师普遍反映,在美国小学职场交际中感触最深的就是美国小学校长能与普通教师平等相处,在一线的具体教学管理工作中协同合作。

【录音转写:中国教师对美国校长的印象;教师培训课程;贺怡然实录】A:我第一次遇到我们校长时,她正在学校大门口的传达接待室内和其他老师一起负责出入学校的人员登记工作。我真的很诧异:校长居然会亲自参与这些琐碎的工作!

B:我们校长的办公室非常简单,就在学校大门口的登记处附近,办公室内的陈设也很简单朴素。

C:我们校长会亲自辅导学生做功课,而且学校教师在遇到难管理的学生时,会直接交给校长管理。

D:我发现美国小学的领导特别少,没有副校长、教导处主任那些领导层。

本文作者之一贺怡然在走访多所美国小学的过程中发现,校长的确是经常在学校门口的综合办公室里工作,这个办公室的作用相当于传达室、登记处和候客厅,是通向学校内部的关口。而校长办公室通常安排在与门口综合办公室相连的一个单间内。前文已述,美国小学的每位教师职工都把注意力集中在提高教学质量、促进学生成长方面。在这种民主平等的工作氛围中,汉语教师可以及时地与校长沟通,了解学校的汉语教学需求以及学校汉语教学发展方向,同时可以积极地向学校方面提出有关完善汉语教学的设想。

【案例收集:美国小学汉语教师主动与校长沟通;M学校;小欣老师提供】我负责M

学校的汉语教学,我的校长热情友善,十分关心我的汉语教学情况。我们经常会在教师休息室碰面,一起喝咖啡聊天。通过聊天我了解到,学校准备开办课后兴趣班以帮助家长在放学后照顾学生,我觉得这是在全校范围内推广汉语学习的好机会,所以表达了希望开办汉语课后兴趣班的心愿。一周以后,我通过了学校课程开设的审批,为自己争取到了新工作机会。

由上述案例可知,在美国小学职场中工作,汉语教师需要积极提出设想和建议,为完善汉语教学工作、提升汉语教学重要性、推广汉语教学覆盖面,向学校争取更多机会。

2.学会尊重个体的隐私。

隐私的概念不难理解,但是隐私的界限却很难把握。因此,不少新手汉语教师虽然已经对隐私的敏感性做足了各种准备,但是在与美国教师的交际实践中,仍不免时常发生误读。

【案例收集:美国小学汉语教师年龄隐私问题的交际误读;A学校;小马老师提供】我们学校在大冬天里要求学生每天进行两次户外运动,教师们则需要站在寒冷的露天看管学生。我的班导师年近花甲,我主动提出代替她外出看管学生,她高兴地问我为什么,我不假思索地说:"因为您年龄大了,我怕您会身体不舒服。"听了这句话,班导师顿时神情失落地说:"好吧,我太老了,但是我还感觉不错。"

在上述案例中,汉语教师出于善意主动承担户外看护的工作本来是值得赞赏的,但是由于在回答美国教师问题时涉及了对方的年龄隐私,最终引发了不必要的尴尬。如果美国小学汉语教师将对方看作是需要照顾的老人,不仅不会得到感谢,反而会伤害对方的自尊心,甚至引起对方反感。

【案例收集:美国小学汉语教师私人空间问题的交际误读;V学校;小佳老师提供】我准备使用PPT进行汉语教学,上课前一天我发现多媒体设备已经与班导师办公桌上的工作电脑连接好了,所以为了省事,我第二天上课时并没有带自己的电脑。但是当我上课前准备将自己的U盘插在班导师电脑上时,班导师却有些犹犹豫豫。我不知道自己为了教学工作借用一下她的电脑有什么不妥,但是我以后不会再借用了。

在上述案例中,汉语教师认为自己因为工作原因而借用教师的办公电脑理所应当,但是却遭到了美国教师的排斥。这是因为在美国人看来,电脑是个人的信息资料储存设备,就相当于带锁的个人抽屉,为了信息安全是应当避免外借的。另外,班导师的办公桌是私人空间,这里放置的一切物品都属于个人物品,并不是说放在教室里的电脑就是工作电脑,因此汉语教师的借用行为引起了班导师的戒备。

因此,在美国小学教师职场交际中,汉语教师应当细心观察美国人的隐私范畴,不要逾越隐私界线,避免不必要的误会。一旦发生交际误读,应主动理解和包容,并通过及时沟通的方式化解矛盾。

3.学会协调家校合作关系。

"家校合作"对于新手汉语教师来说是一个全新的概念。大部分汉语教师在刚到美国小学工作时,往往会忽视家长在教学中的作用,也没有与家长交流合作的意识,这使得部分学生家长对汉语教师的专业能力表示怀疑。他们误以为汉语教师不热爱工作、不关心学生、害怕家长了解教学情况等等,这种不良印象直接影响着学校汉语教学工作的开展。但是随着汉语教师对美国小学环境的深入观察,他们会逐渐明确家长在小学教育中扮演的角色,并主动与家长交流,使得双方的交往状况得到改观。

【教师日志:美国小学教师主动与美国家长沟通;W 小学;小芳老师提供】我刚来美国时,没有意识到家长其实也是参与教学的主要人员,同时考虑到自己的外语水平有限,所以很少和家长直接交流。直到部分家长主动送来家里的中国物品以协助我教学时,我才发现其实家长希望能为我的教学提供有益的帮助。于是我开始利用放学送学生的短暂时间主动与家长聊天,拉近彼此的距离。目前,我已经和两位家长成为了好朋友,他们给我提供了不少在美国从教的信息;也有四五位家长主动发给我有关学生汉语学习的反馈信息;同时我也曾邀请家长作为助教协助我开展汉语课堂教学。今天下午我将去进行一次家访,具体了解一下美国学生和家长对于长期学习中文的态度。

上述案例中的汉语教师描述了自己与家长交际关系改善的过程,用“家校合作”的方式建立起了教师与家长的人际关系,在促进教学的同时树立了自己的教师威信。

【案例收集:美国小学教师与美国家长进行沟通;T 小学;小春老师提供】我在教室门外的桌子上放置了一个文件夹和一个用颜色分类的便签盒,以方便和家长的信息交流。家长可以将学生的汉语学习反馈信息以及学生的汉语学习需求写在纸上再放入文件夹中。我也根据学生的学习兴趣,按照动画片、音乐、绘画、手工等类别,将相关的课外学习资源进行了整理,然后用不同的色卡写好后放在门外的盒子里以方便家长取用。另外,我也会用电子邮件给家长发送一些中英文对照的汉语故事或者中国文化风景照片,以方便家长和学生了解和学习。

上述案例中的汉语教师虽然没有与家长进行面对面的沟通,但是设计了一套利用文字进行交际沟通的模式,同样达到了与家长及时交流信息的效果。这种沟通模式避免了语言交流的障碍和言语沟通的随意性,为交际双方在沟通时留有了充分的思考时间。另外,汉语教师为学生提供了学习资源,同时为学生的个性化学习提供了选择。

本文认为,在美国小学教师积极融入当地的职场环境,主动寻找符合当地交际规范的交际方式,积极应对跨文化交际中的冲突与矛盾,努力学习并尽快适应美国小学汉语教师的职场协同工作的交际模式。

(二)美国小学汉语教师的职场人际交往

“尊重个体的自由平等权利”是美国教师职场人际交往的基本原则,因此美国小学汉语教师需要在“公私两清”的前提下做到工作交友两不误;在“为他人着想”的前提下培养公共意识,学会换位思考。

1.学会工作和交友两不误。

在美国的职场交际中,人们按法则办事,即使是亲朋好友也要人事两清,公私分明。所以在具体的教学工作中,校长会为了最大程度上保证教学效果,而不论亲属,直接寻找最适合的教师人选,这是典型的"功能取向"的人际关系,它从本质上反映了美国人的理性主义精神。所以人们的友谊更加单纯,交往的方式也更加轻松自由。

【教师日志:美国小学汉语教师和美国教师的友情;R 小学;小阳老师提供】卡拉是我所在班级的助理教师,我们一起协助班导师工作。我们平时的工作节奏很快,每天从早上八点到下午三点之间忙个不停。卡拉在工作中一丝不苟,对我的工作要求很高,甚至有时过于苛刻,但是我知道她是为了更好地为学生服务,所以我会按照她的要求认真完成每项任务。但是每到周末,卡拉经常会约我出去逛街。卡拉还是个蘑菇爱好者,所以我们的休闲活动经常与蘑菇有关,比如一起到森林里采集蘑菇,一起研制蘑菇汤,等等。现在我也快成一个蘑菇迷了。

从上述案例中我们可以看出,美国小学汉语教师应该把工作和生活分得很清楚,工作时不掺杂个人情感,在私下里注重友谊,重视共同爱好的培养,进行有具体意义的活动。

2.学会培养公共意识,学会换位思考。

在跨文化交际过程中,人们往往一旦发现对方的行为与自己的预期相差很远,就会困惑、失望。LaYayBarna 认为,把自己的文化规范误认为是他人也接受的文化规范是跨文化交际的主要障碍(胡文仲,1999)。因而汉语教师应该学会观察异国文化,获得多维思考能力,学会培养公共意识,学会换位思考,以逐步提高职场交际胜任力。

美国小学教师注意培养公共意识表现在"守时"的态度上。托夫勒把美国人使用时间的方式比作"软件时间"(soft-ware time),他认为时间对美国人来讲是一条直线,既珍贵又固执,它深深扎根于人们心中。美国人使用时间十分精确,而且时时刻刻有时间"紧缺"的意识,凡事做到准时不误。

【教师日志:美国小学汉语教师的守时要求;R 小学;贺怡然提供】我在进入 R 小学工作的第一天,学校就专门对我和其他两位新手汉语教师进行了培训。学校要求我们提前做好周工作计划和每日课程安排的时间表,然后严格执行。如果需要占用其他教师的时间,则必须提前发邮件和对方预约,同时需要估算出所用时长,以方便对方调整日程表。另外,学校要求我们避免任何形式的迟到和延时,不占用计划安排之外不属于自己的时间。

换位思考能力也是职场交际胜利力中的重要能力。

【案例收集:美国小学汉语教师饮食文化的交际误读;A 学校;田老师提供】周末我在华人超市里买到了期盼已久的新鲜韭菜,我当时首先想到的就是应该让美国同事们尝一尝用韭菜做的正宗中国美食。于是我又买了猪肉和面粉,在家包好了一堆韭菜饺子,周一带到学校和大家分享。但是,事与愿违的是,我的韭菜饺子貌似不太受欢迎。比如,当我在用微波炉加热饺子的时候，由于韭菜的味道比较大，弄得楼道里都是韭菜味儿，很多美国学生和老师路过都捂着鼻子，这时我才发现美国人并不像中国人一样喜欢韭菜味儿。另外，当我送饺子给美国同事们吃的时候，有些同事问我饺子馅儿里有什么成分，因为他们怕会出现食物过敏的情况。事实是，美国同事善意地接受了我的饺子，但并没有吃。

在上述的案例中，汉语教师主动积极地进行跨文化交流，但是由于忽略了对美国同事"饮食习惯"和"食品安全"方面的考虑，所以遇到交际挫折和障碍。如果该汉语教师能进行换位思考，事先进行充分的观察，询问美国同事以了解当地人的饮食习惯和讲究，那么就可以在最大程度上避免交际障碍。

总之，只要具有公共意识，学会主动换位思考，就能在很大程度上避免以自己的想法揣度对方的情况。美国小学汉语教师应注重中美交际文化差异的对比，加强对美国社会文化价值观和风俗习惯的了解，从而提高自身的异文化包容度和职场交际胜任力。

参考文献

贺怡然(2014) MTCSOL 硕士在美国小学情境下的教师胜任力研究，中央民族大学硕士学位论文。

胡文仲(1999)《跨文化交际学概论》，北京：外语教学与研究出版社。

黄河清(2008)《美国家校合作管窥》，《教育评论》第 6 期。

黄永和、庄淑琴(2004)《协同教学的回顾与展望》，《教育研究月刊》第 1 期。

贾玉新(1997)《跨文化交际学》，上海：上海外语教育出版社。

潘　宏(2012)《漫谈中西方送礼文化的差异》，《经济研究导刊》第 28 期。

吴应辉(2016)《国际汉语师资需求的动态发展与国别差异》，《教育研究》第 11 期。

Mary Jane Collier(1974). *Cultural Identity and Intercultural Communication*. Wadsworth Publishing Company.

William B. Gudykunst & Young Yun Kim(1984). *Communicating with Strangers*. Southern Publishing Company.

（责任编辑：徐明斐）

匈牙利语和汉语语音系统对比

叶秋月　〔匈牙利〕Huba Bartos

提　要　关于匈牙利语与汉语的诸多不同，已经有学者做过研究，但从教学角度应用对比分析对匈汉音系进行比较的还没有，本文在简单概述匈牙利语和汉语基本特点后，就这两种语言语音系统的音段音位和超音段音位进行了深入比较，涉及辅音、元音、声调、音节结构、重音和语调等。在此基础上，指出哪些不同将会给匈牙利汉语学习者带来学习困难，抑或影响交流。研究表明，对匈牙利汉语学习者来说，最困难的是超音段音位的语调和声调，而后者直接影响语义，应引起教师和学习者最多关注。

关键词　匈牙利语；汉语；对比分析；语音；声调

The Comparison of Hungarian and Chinese Phonological Systems

Qiuyue Ye & 〔Hungary〕Huba Bartos

Abstract　This paper is intended to contribute to the teaching of Chinese as a foreign language in Hungary by filling a notable gap in the literature. There have been few studies of the specific differences between Hungarian and Chinese and none at all which apply contrastive analysis of phonetic and phonological systems for pedagogical purposes. After a brief general introduction of Hungarian and Chinese, the paper offers an in-depth comparison between the segmental and suprasegmental phonetic systems of the two languages. The comparison is divided into separate sections, each of which is further subdivided, dealing with consonants, vowels, syllable tones, syllable structure, stress and intonation. The paper continues with a discussion of which of the identified differences are likely to cause difficulties both in terms of acquisition by Hungarian learners and in terms of communicative

【作者简介】叶秋月，博士，匈牙利罗兰大学文学院中文系讲师，主要研究方向为对外汉语语音教学、对外汉语教材。

Huba Bartos（包甫博），匈牙利籍，博士，高级研究员，匈牙利科学院语言学研究所副所长，罗兰大学东亚学院副教授，主要研究方向为生成语法、句法、语义、汉语句法。

efficiency. The two features that emerge as the most problematic are suprasegmental intonation and syllable tone. The latter, given its essential and pervasive semantic value, is proposed as the feature that deserves the most attention of teachers and learners.

Key words Hungarian, Chinese, contrastive analysis, phonology, syllable tone

汉语发音的性质决定了对外汉语教学中语音教学的重要地位。20 世纪中叶赵元任先生在国外汉语教学中使用《国语入门》作为教材。“大多数的教学是语音，然后我们再学习其他方面。”(Chao, Yuen Ren,1948)在那个时期，语音教学是重点。然而随着对外汉语教学的发展，相对于语法教学及其研究、词汇教学及其研究等，语音教学及其研究却没有得到应有的发展。林焘(1996)甚至表示：“语音教学没有进步，相反，它大大地退化了。”这句话可能过于悲观，但是对语音教学甚至语音研究的关注确实少于其他领域。当然，在过去的几十年间，也出现了一批有价值的有关汉语语音及语音教学的研究，其中不少涉及汉语和其他语言语音的异同比较。本文侧重汉语和匈牙利语语音的比较分析，并讨论汉语发音的哪些方面最有可能给匈牙利学习者造成困扰。

一、匈牙利语和汉语概说

Péter Siptár & Miklós Törkenczy(2000:13)将匈牙利语描述为“中欧使用的乌拉尔语”。按使用人数来计算，匈牙利语是欧洲第十二大语言。大多数匈牙利语使用者都居住在匈牙利，但在邻国也有使用匈牙利语的人群，如斯洛伐克、奥地利、罗马尼亚、塞尔维亚、克罗地亚、斯洛文尼亚和乌克兰。由于 19 世纪特别是 20 世纪的移民浪潮，在加拿大和美国等也出现了讲匈牙利语的人群。

匈牙利语不仅与欧洲大陆大部分的语言(主要是印欧语系)不同，甚至在乌拉尔语家族中也是独树一帜的。Péter Siptár & Miklós Törkenczy(2000:13)指出：“传统上认为鄂毕-乌戈尔语言(沃古尔语和奥斯恰克语)与匈牙利语构成了芬-乌戈尔语族中的乌戈尔语支，但匈牙利语与奥斯恰克语和沃古尔语在语音、句法和词汇上根本不同。”匈牙利语是一种黏着形态学的语言(Kornai,1994)，具有非结构定型句法(Kiefer & É. Kiss,1994)和音节节拍韵律(Roach, 1982; Crystal,1995)，包含大量外来词汇。这里讨论的匈牙利语是“受过教育的人使用的匈牙利口语”，这种匈牙利语和典范文学中的匈牙利语以及各种非正规发言的匈牙利语都有所不同。

汉语是分析语(孤立语)，属于汉藏语系。作为第二语言或外语被教授的汉语主要是现代标准汉语，即普通话。普通话以北京语音为标准音，以北方话为基础方言，以典范的现代白话文著作为语法规范。若无特殊说明，文中“汉语”都指普通话(通用语言)。

二、匈牙利语和汉语语音系统对比

一般情况下，比较匈牙利语和汉语语音系统，可能会观察到五个方面的显著差异：(1)汉语是一种声调语言，其中单个音节的阴平、阳平、上声、去声经常具有词汇甚至语法上的意义。这是匈牙利语中完全不存在的。(2)匈牙利语充分利用辅音清浊对照，而汉语没有；汉语辅音有送气和不送气的对照，而匈牙利语没有。(3)匈牙利语元音长短分明，汉语不是。(4)匈牙利语有中高元音[ɛ][o][ø]的音位对立，但是没有[ə][ɤ]，而汉语中所有的中元音[e][ɛ][o][ə][ɤ]是一个单音素的音位变体。(5)匈牙利语没有真正的半元音，也就是开口双元音和下降二合元音(Siptár & Törkenczy，2000：16)。

以下，我们将从辅音、元音、音节结构、超音段音位几个方面，对匈牙利语和汉语的语音系统做进一步的比较。[①]

(一) 辅音对比分析

1. 辅音系统及清浊对立、送气与不送气。

匈牙利语辅音有24个：p[p]、b[b]、t[t]、d[d]、ty[c]、gy[ɟ]、k[k]、g[g]、f[f]、v[v]、sz[s]、z[z]、s[ʃ]、zs[ʒ]、h[h]、c[ts]、cs[tʃ]、dzs[dʒ]、m[m]、n[n]、ny[ɲ]、l[l]、r[r]、j(ly)[j]。其中，有9对辅音，b[b]—p[p]、d[d]—t[t]、g[g]—k[k]、v[v]—f[f]、z[z]—sz[s]、zs[ʒ]—s[ʃ]、dzs[dʒ]—cs[tʃ]、gy[ɟ]—ty[c]，每一对的发音部位完全相同，唯一的区别是在发音时有无声带的振动：有声带振动为浊辅音，无声带振动则为清辅音。

汉语辅音有22个：b[p]、p[pʰ]、m[m]、f[f]、d[t]、t[tʰ]、n[n]、l[l]、g[k]、k[kʰ]、h[x]、j[tɕ]、q[tɕʰ]、x[ɕ]、zh[tʂ]、ch[tʂʰ]、sh[ʂ]、r[ʐ]、z[ts]、c[tsʰ]、s[s]、ng[ŋ]。与匈牙利语辅音系统形成对比的是，汉语语音不存在成对的清/浊辅音，而存在6对送气/不送气辅音：b[p]—p[pʰ]、d[t]—t[tʰ]、g[k]—k[kʰ]、z[ts]—c[tsʰ]、zh[tʂ]—ch[tʂʰ]、j[tɕ]—q[tɕʰ]，每一对的发音部位完全相同，区别在于发音时有无额外的气流产生——产生额外气流的为送气辅音，不产生额外气流的则为不送气辅音。"强辅音"(发音时口腔肌肉紧绷)和"弱辅音"(发音时口腔肌肉松弛)的发音差异也是送气/不送气辅音的重要特征。

2. 辅音发音部位比较。

(1)唇音。两种语言都有双唇音和唇齿音：匈牙利语为[b][p][m][f][v]，汉语为[p][pʰ][m][f]，发音没有明显差异。但匈牙利语区分的是不送气半强辅音中的浊辅音和清辅音，而

---

① 除非另做说明，本文有关匈牙利语语音特征的描述主要参考 Siptár & Törkenczy(2000)，有关汉语语音特征的描述则主要参考黄伯荣、廖序东(1991)。

汉语区分的是清辅音中送气强辅音与不送气弱辅音。匈牙利语存在清浊对立的摩擦音[f]—[v]，汉语只有清辅音[f]。

(2)齿塞音/龈塞音。两种语言都有齿龈音，匈牙利语为[d][t][n][l]，汉语为[t][tʰ][n][l]，发音没有明显差异。但匈牙利语区分不送气半强辅音中的浊辅音和清辅音，而汉语区分的是清辅音中送气强辅音与不送气弱辅音。匈牙利学习者发现，汉语中[ŋ]处于音节最后时发音会有些许不同，比较难掌握，但一般不会造成混淆或导致无法理解。

(3)齿龈塞擦音/齿龈摩擦音。匈牙利语的[ts][s]区分的是不送气半强的浊辅音和清辅音，而汉语辅音中的[ts][tsʰ][s]则区分的是清音中不送气弱辅音与送气强辅音。

(4)硬腭音。匈牙利语区分的是硬腭齿龈音(或硬腭舌叶音)[tʃ][dʒ][ʃ][ʒ]与舌背硬腭音[c][ɟ]，而汉语区分的是双重发音的硬腭齿龈音(*apda*)[①][tɕ][tɕʰ][ɕ]与卷舌音[tʂ][tʂʰ][ʂ][ʐ]。硬腭音给匈牙利学习者带来了比较大的困难，因为两种语言在两个特定的发音区域有着完全不同的发音部位(和发音方式)。匈牙利学习者倾向于将汉语的卷舌音与匈牙利语的硬腭齿龈音、汉语的硬腭齿龈音(*apda*)与匈牙利语的舌背硬腭音相联系(或等同)。

(5)软腭音。两种语言里软腭音的发音部位完全相同，但匈牙利语区分的是不送气半强辅音中的浊辅音和清辅音[g]—[k]，而汉语辅音区分的是清音中不送气弱辅音及送气强辅音[k]—[kʰ]。匈牙利学习者的问题产生于汉语的[ŋ]。尽管[ŋ]会出现在匈牙利语中，但会与[g]形成一个整体，一般不会单独出现。匈牙利学习者说汉语时很可能会按顺序读出两个单独的音素[ŋg]甚至[nŋ]，但其实[ŋ]才是正确的。

(6)软腭后音。匈牙利语的声门喉音[h]与汉语的小舌近音[χ]差异显著(尽管在一些汉语方言，如上海方言中，软腭摩擦音实际上很像匈牙利语的声门喉音[h])[②]。这种差异应当引起匈牙利学习者注意。

3.辅音发音方式比较。

(1)塞音/塞擦音"对子"。汉语中不送气弱辅音与送气强辅音通常是对立的。两者都是清音，虽然它们可能在某种语音环境发成浊音，特别是在无声调或非重读音节中，如"的"([ti]→[tə]→[də])。匈牙利语的这些成对成员没有强/弱辅音的差异，但却有明显的浊/清音的区别。匈牙利学习者倾向于把汉语不送气弱辅音与匈牙利语中的半强清辅音相等同。在实际运用中，一般不会导致严重问题。在这里，拼音使用会造成问题，因为拼音中表示不送气清音的弱塞音和塞擦音的字母，在匈牙利语中表示浊辅音。学习者必须了解这一点。他们还需要学习放松肌肉发出汉语中的不送气弱辅音。

---

① [A] pico-anterodorsal 或 lamino-anterodorsal 载于 Lee，Wai-Sum & Eric Zee(2003)的专业术语中，alveolo-palatal 载于 Lin，Yen-Hwei(2007)。这里使用 *apda* 是我们自造的词，在教授这个音节发音时会更有帮助。

② 这是一个有争议的问题，也是一个方言及说话者层面的变体问题，[χ]是否真的总是一个小舌近音(如 Chao，1968；Pulleyblank，1984)，或软腭摩擦音[x](Duanmu，2000；Lee，Wai-Sum & Eric Zee，2003)？但无论你认同哪种发音或者哪种说法，都与匈牙利语的声门喉音[h]有着很大的不同。

(2)起韵头/韵尾滑音作用的半元音。汉语中的[j][w][ɥ]都可以出现在韵头的位置([j][w]也可出现在韵尾),但只有[j]在匈牙利语中作为辅音出现,它在清音语境下,有一个清音音位变体[tɕ]。匈牙利学习者需要分别了解完全元音音位变体[u][y]([w][ɥ])。发[w]的音通常不会出现大问题,因为英语(匈牙利第一外语)中有一个类似的半元音,但汉语的[w]和英语的[w]不完全一样。① 由于难以找到等同的发音,[ɥ]的发音存在一定难度。匈牙利学习者需要谨防用相对应的完全元音([i][u][y])来代替这些半元音。

(二)元音对比分析

1.匈牙利语元音和汉语韵母。

简单来说,匈牙利语有14个元音:

表1 匈牙利语元音表

元音	音长	唇形	舌位		元音	音长	唇形	舌位	
	长/短	圆/不圆	前/后	高/低		长/短	圆/不圆	前/后	高/低
a[ɔ]	短	圆	后	半低	ó[o:]	长	圆	后	半高
á[a:]	长	不圆	央	低	ö [ø]	短	圆	前	中
e[ɛ]	短	不圆	前	半低	ő[ø:]	长	圆	前	半高
é[e:]	长	不圆	前	半高	u[u]	短	圆	后	高
i[i]	短	不圆	前	高	ú[u:]	长	圆	后	高
í[i:]	长	不圆	前	高	ü[y]	短	圆	前	高
o[o]	短	圆	后	中	ű[y:]	长	圆	前	高

汉语普通话的韵母共39个,主要由元音加鼻辅音构成。按照结构可以分为单元音韵母、复元音韵母(又分为双元音韵母、三元音韵母)、带鼻音韵母,具体如下:

单元音(10个):ɑ[ᴀ]、o [o]、e [ɤ]、ê [ɛ]、i [i]、u [u]、ü [y]、-i [ɿ]、-i [ʅ]、er [ər]②

双元音(9个): ɑi [ai]、ei [ei]、ɑo [ɑu]、ou [ou]、iɑ [iᴀ]、ie [iɛ]、uɑ [uᴀ]、uo [uo]、üe [yɛ]

三元音(4个):iɑo [iɑu]、iou [iou]、uɑi [uai]、uei [uei]

鼻音韵母(16个):ɑn [an]、en [ən]、ian [iɛn]、uɑn [uan]、üɑn [yan]、in [in]、uen [uən]、ün [yn]、ɑng [ɑŋ]、iɑng [jɑŋ]、uɑng [uɑŋ]、eng [əŋ]、ing [iŋ]、ueng [uəŋ]、ong [uŋ]、iong [yŋ]

---

① 汉语中的[w]在本质上更像是一个元音,也更像是[u]的发音;而英语中的[w]则更像辅音,且经常也有一个在汉语"对应物"中缺乏的次要的软腭发音特征。

② o [o]、ê [ɛ]只在感叹词中出现;-i [ɿ] 只在舌齿塞擦音或者摩擦音之后出现;-i [ʅ] 只在卷舌音之后出现。

一般来说，韵母可以分为一个介音、一个主元音和韵尾，但并不是每个音节都有介音和韵尾，只有元音是必要的。以“普通话”pǔtōnghuà 和“想”xiǎng 为例：

表 2　汉语中的韵头(介音)、韵腹(主要元音)和韵尾

音节	介音	主要元音	韵尾
pǔ		u	
tōng		u	ŋ
huà	u	ᴀ	
xiǎng	i	ɑ	ŋ

2.单元音比较。

表 3　匈牙利语(H)和汉语(C)元音比较

		舌面元音					卷舌元音	舌尖元音	
		前		央	后		央	前	后
		不圆	圆	不圆	不圆	圆	不圆		
高	H	i[i] í[i:]	ü[y] ű[y:]			u[u] ú[u:]			
	C	i[i]	ü[y]			u[u]		-i[ɿ]	-i[ʅ]
半高	H	é[e:]	ő[ø:]			ó[o:]			
	C				e[ɤ]	o[o]			
中	H		ö[ø]			o[o]			
	C			e[ə]			er[ər]		
半低	H	e[ɛ]				a[ɔ]			
	C	ê[ɛ]							
低	H			á[a:]					
	C			ɑ[ᴀ]					

我们将详细地比较两者的不同。

(1)高元音。匈牙利语的高元音有[i][y][u][i:][y:][u:]，汉语的高元音有[i][y][ɿ][ʅ][u]。关于这两种语言在元音长度方面的问题，前面已经做过讨论。除了这个特征外，两种语言的[i][y][u]完全相同。汉语中的[ɿ] [ʅ]很特殊，但匈牙利学习者发这两个音并不困难，因为学习者清楚[i] 和 [y]的不同，在练习时舌头保持与前一个辅音(分别是齿槽音和卷舌音)相同的位置即可发出[ɿ] [ʅ]。

(2)半高元音、中元音和半低元音。匈牙利语的这三种元音有[ɛ][ø][o][eː][øː][oː][ɔ]，汉语的这三种元音有[ɛ][e][o][ʊ][ɤ][ə]。两种语言的这些元音有的发音相似，例如：匈牙利语 *hülye*(傻瓜)中[ɛ]对应汉语-üe 的[ɛ]，比如"月"[yɛ]；匈牙利语 *por*(灰尘)的 [o]和汉语-uo中的 [o]相对应，比如"多"[dʊo](忽略元音长度)。但这里仍有一些关键性的不同和问题，比如，对匈牙利学习者来说，[ɤ]是个大问题：匈牙利人通常会把它念成与匈牙利语[ø]接近的音，但事实上前圆唇音[ø]与后非圆唇音[ɤ]差异很大。

(3)低元音。匈牙利语中有[aː]，而汉语有[ᴀ][ɑ]。匈牙利人倾向于将汉语的[ᴀ]和[ɑ]视为匈牙利语的[aː]，由于差异细微，并不影响理解，也不会造成与其他音素的混淆。而且其他外语以及匈牙利语中的外来词里有[a]，匈牙利人对[a]并不陌生。另外一个可能会出现的问题是匈牙利人会把汉语的 [ɑ](比如在"王"[wɑŋ]中)和匈牙利语的 [ɔ]等同，这会导致发音不悦耳，但一般不会引起误解。

(4)元音长度。匈牙利语元音的长度是有对比性的，例如，把 *tör* [tør](打破)和 *tőr* [tøːr](匕首)。在汉语中，元音长度没有任何意义，它完全是派生的，只有重读音节中处在音节韵母位置的单元音才会延长其长度。虽然这是两种语言的一个主要差异，也可能在中国人学习匈牙利语时造成交际困难，但这并不妨碍匈牙利人学习汉语。

(5)声母元音。[①] 最后一个需要注意的个体发音不同之处是声母高元音([i][y])，它们的音节不是以声母开头的。在汉语普通话发音中，这样的元音有"平滑"的开始：声门的关闭与气流的启动是同时发生的。而许多匈牙利人则以一种更突然的方式开始发音(实际上指的是一种发声的习惯，在发声时比较突然地震动声带，引起声音的突然堵塞。声门的关闭发生在气流启动之前)。这就解释了为何匈牙利学习者可能把 yi [iː] 或 yu[yː] 听成[jiː][jyː]。值得注意的是，拼音拼写法则加重了这种混淆，也就是让"平滑"的开始多了个额外字母(y-)。"wu"这样的音节也有着类似的问题，匈牙利学习者错误地把它认作[wuː](有时甚至发成 [vuː])。虽然这是一个明显的差异，但并不会造成太多误解。

3.复合元音比较。

汉语有 13 个复合元音(9 个双元音，4 个三元音)。严格来说，标准的匈牙利语有连续元音，但没有复合元音，尽管双元音确实出现在了一些外来词中。复合元音和连续元音是完全不同的概念。复合元音是音节的一部分，且不可拆分。例如，汉语"好(hǎo)、有(yǒu)、家(jiā)"中的"ɑo[ɑu]、ou[ou]、iɑ[iᴀ]"都是复合元音。而连续元音是两个元音在一个序列中一起出现，但能被分成两个音节。例如，匈牙利语"tea[te. ɔ]/[teʲ ɔ](茶)，piac[pi. ɔc]/[piʲ ɔc](市场)，diák [di. aːk]/[diʲaːk](学生)，fiatal [fi. ɔ. tɔl]/[fiʲɔ. tɔl] (年轻)"可以分成"te-a，pi-ac，di-ák，fi-a-tal"这些音节。复合元音和连续元音的发音也不同。例如，连续元音[i. a]，"i"和"a"保留各自作为完整元音的特点，两个音有相同的音长。复合元音 [iᴀ]中，[i]和[ᴀ]不可

① 感谢 Andrea Deme(匈牙利科学院语言学研究所)为此部分所做的全面探讨，但这些段落并不代表她的观点。

分开，发音时舌头从[i] 滑到 [A]，且这两个音的音长并不相同，[i]短而弱，[A]长而强。

值得注意的是，根据主元音的位置，汉语普通话有三种不同的复合元音，具体如下：

下降双元音（第一个元音强，第二个元音弱）：ɑi [ai]、ei [ei]、ɑo [ɑu]、ou [ou]

上升双元音（第一个元音弱，第二个元音强）：iɑ [iA]、ie [iɛ]、uɑ [uA]、uo [uo]、üe [yɛ]

中升三元音（主要元音在中间，中间元音强）：iɑo [iɑu]、iou [iou]、uɑi [uai]、uei [uei]

下表列出了连续元音和复合元音的不同之处：

表 4　汉语复合元音和匈牙利语连续元音的不同

名称	舌位特征	类型	响度/强度
复合元音(C)	滑行	Vv	不均等
		vV	
		vVv	
连续元音(H)	固定	V V	均等

（三）汉语音调

1. 四个声调。

在比较匈牙利语和汉语的音节结构之前，声调，这一汉语的特征是值得我们考虑的。匈牙利语没有声调，因此，汉语声调会给匈牙利学习者造成极大的困难。意识到声调的本质与功能并不是一件麻烦事，但在听汉语时识别并理解声调，在说汉语时自觉而准确地运用声调，则是需要付出努力的。

声调关系整个音节，可以用来区分语义。它主要以音高升降曲线为特征，长度和强度在感知上也起着很大的作用。普通话有四种常规声调：第一声（阴平）、第二声（阳平）、第三声（上声）、第四声（去声）。赵元任(1983)设计了如下的系统来描述这四个声调：

音高是绘制在垂直刻度上的，它包含说话者的正常声音（音高范围）。数值范围被分为五度，1 到 5 代表从最低到最高。1 代表最低（说话者正常音高的下限），2 代表半低音，3 代表中等音高，4 代表半高音，5 代表最高（说话者正常音高的上限）。声调可以通过标明开始和结束点来进行描述。如果是降升调，区分升降的点也会标明。四个声调描述如下：第一声（T1，阴平），高平调，调值 55，记作“-”，如“摸（mō）、星（xīng）”；第二声（T2，阳平），高升调，调值 35，记作“ ˊ ”，如“桃（táo）、红（hóng）”；第三声（T3，上声），降升调，调值 214，记作“ˇ”，如“马（mǎ）、水（shuǐ）”；第四声（T4，去声），高降调，调值 51，记作“ ˋ ”，如“坏（huài）、二（èr）”。四个声调的调形见图 1：

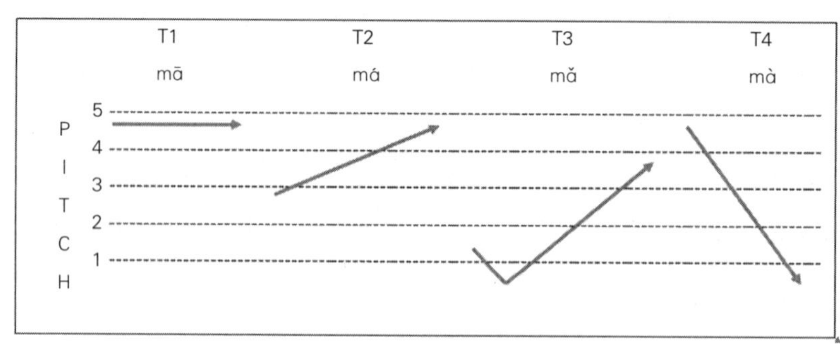

图 1　四个声调的分布图

图中的“mā(妈)、má(麻)、mǎ(马)、mà(骂)”四个字可以表明声调在汉语的接受和产出中的重要性。这些字有完全不同的意义,而这些意义的不同是由音节的声调来实现的。另外,有另一个轻声版本的“ma(吗)”,它不会单独出现,但可以加在陈述句后面使陈述句成为疑问句。能被声调区分的对立体很多,例如,mǎi huà(买画)和 mài huā(卖花),jiéshù(结束)和 jiè shū(借书)。

2.轻声。

有学者认为轻声不应被视为第五种声调,而应是音调的弱化形式。事实上,轻声不能单独存在于一个独立音节中,只出现在音节组合中。它不具备固定音高。一般来说,在第三声后面出现的轻声通常有相对较高的音高(在音高范围 4 度的位置),跟在第一声或第二声后有着相对较低的音高(分别为 2 或 3 度),跟在第四声后出现的轻声有着最低的音高(1 度)(黄伯荣、廖序东,1991:158)。黄伯荣、廖序东(1991)列出轻声出现词素的种类,具体如下:(1)助词“的(de)、地(de)、得(de)、着(zhe)、了(le)、过(guo)”和感叹词“吧(ba)、嘛(ma)、呢(ne)、啊(a)”;(2)在叠词中的非开头部分,如“娃娃(wáwa)、弟弟(dìdi)、看看(kànkan)、玩玩(wánwan)”;(3)词语后缀,如“子(zi)、头(tou)”和表示多数的“们(men)”;(4)指示方向的,如“来(lai)、去 (qu)、起来(qǐlai)、下来(xiàlai)”;(5)量词,“个(ge)”;(6)名词或代词后出现的方向词素或词语;(7)在一些相当常用的双音节词语中的第二个音节习惯性发轻声。

轻声可以带有语义价值。如,“东西(dōngxī)”意味着“东”和“西”,但“东西 dōngxi”指的是“事物”。

3.变调。

单音调会在词语、短语或句子中影响彼此,从而产生“变调”现象。常见的如上声变调、去声变调、“一”和“不”的变调等。上声变调以问候语“你好”为例。组合中的两个词都是第三声,单独发音时都读第三声;当它们组合在一起时,语流效应使得“你(nǐ)”发成了第二声(ní)。去声变调以“介绍”。第一个音节“jiè”在实际语流中读作 53,而不读作 51。对学习者来说,变调的本质并不是特别难以解释,常见表达(比如“你好”)中的变调并不是特别难学,但在日常会话中系统地运用变调要困难得多。

(四) 音节结构对比分析

1.汉语和匈牙利语音节结构。

音节是音位系统的基本单位。一个乃至多个音素的序列组成了一个音节。一个匈牙利语单词可以分成若干音节,而每个都包含一个元音。换言之,一个单词的音节数量是由它所包含的元音所决定的。末尾是元音的音节称为开音节,如"ceruza(铅笔)、zene(音乐)、ajtó(门)"等。而以辅音结尾的音节则称为闭音节,如"igen(是)、vonat(火车)、kövér(肥胖)"等。一个音节可以由一个元音构成,或者一个元音加上一个辅音构成,抑或一个元音加上几个辅音构成。

匈牙利语中的一个音节通常包含音首、韵核和韵尾。音首不是必须具备的,词首元音或词首辅音音节都是有可能的。撇开音首可能出现的复杂性不说,匈牙利语音节的基本类型如下:

表5　匈牙利语的音节模式

	词首	词中	词尾
CV	ce.ru.za (pencil) Kí.na (China)	fe.ke.te (black) vi.lá.gos (bright)	ka.to.na (soldier) sző.lő (grape)
V	a.pa (father) í.ró (writer)	fi.a.tal (young) i.di.ó.ta (idiot)	szi.a (hello) rá.di.ó (radio)
VC	asz.tal (table) ér.me (coin)	a.or.ta (aorta) ki.ál.tás (shout)	is.ten (god) di.ák (student)
CVC	lec.ke (lesson) lám.pa (lamp)	ke.men.ce (oven) ta.nár.nő (female teacher)	ti.los (forbidden) kí.ván (wish)

以上表可以看出,在匈牙利语里:(1)任何类型的音节都可能会出现在单词的开头、中间或结尾。(2)长短元音音节的分布在单词里都是一样的。(3)不管是开音节还是闭音节都不限于单词结尾。以上例子都是多音节,匈牙利语里也有单音节,如"ír(写)、jó (好)、és(和)、nap(白天)、fal(墙)"等。除了四种基本音节类型,还有其他类型,都是辅音连缀造就的。两个、三个辅音连缀也会出现在词尾。

汉语几乎每个音节都对应一个词素。音节由声母、韵母和音调构成。声母是出现在音节开头的辅音。如,"普通话(pǔtōnghuà)"有三个音节,它们的声母分别是"p、t、h"。汉语 22 个辅音,除了[ŋ]以外,其他都可以成为声母,即汉语有 21 个辅音声母。[ŋ]只用作韵尾,如"听(tīng[$t^hiŋ^{55}$])、中(zhōng [$tʂuŋ^{55}$])"等。汉语音节也有不是以辅音开头的,即"零声母"音节。如,"爱(ài [ai^{51}])、儿(ér [$ər^{35}$])"。这里要注意的是,在拼音中 y 和 w 只出现在"零声母"音节开头,如"一(yī)、五(wǔ)、要(yào)",它们可以标志主元音的平稳开始,或者对头韵滑音进行编码,但不代表声母。韵母是单元音韵母或复合元音韵母,也可以是带鼻音韵尾的韵母。如

“老鼠(lǎoshǔ)”中，音节“lǎo”的韵母由双元音构成，音节“shǔ”的韵母由单元音构成；“冬天(dōngtiān)”中，音节“dōng”“ tiān”中，韵母分别包含了韵尾［ŋ］和［n］。

汉语的音节结构大体可以分为具备韵母和不具备韵母两大类。然后，根据辅音和元音的分布，它们又可被划分为更多具体的类型，具体如下：

表6 汉语的音节模式

音节结构类型	范例	音节结构类型	范例
CV	妈 mā 米 mǐ	V	啊 a；哦 o
CGV	下 xià 略 lüè	VG	爱 ài ；傲 ào
CVG	白 bái 飞 fēi	GV	我 wǒ；月 yuè
CGVG	快 kuài 票 piào	GVG	有 yǒu* ；外 wài*
CVC	看 kàn 很 hěn	VC	暗 àn；昂 áng
CGVC	脸 liǎn 穷 qióng	GVC	远 yuǎn* ；问 wèn*

注：“C”代表辅音，“V”代表元音，“G”代表滑音，也就是音节中在主元音前后紧接着出现的短元音。

2.音节结构比较分析。

基于以上汉语和匈牙利语音节结构的介绍，我们可以对两种语言中的音节结构做一比较，具体见下表：

表7 匈牙利语和汉语音节模式比较

语言	辅音和元音分布	声调
匈牙利语	CV、V、VC、CVC	–
汉语	CV、CVG、CGV、CGVG、CVC、CGVC、V、VG、GV、GVG、VC、GVC	+

上表总结了汉语和匈牙利语两种语言音节结构方面的异同。主要相同点如下：(1)汉语和匈牙利语音节都可以以元音开头。(2)两种语言拥有一些共同的元辅音分布的模式，如 CV、V、VC、CVC，但汉语里辅音出现在音节结尾，要受限得多。(3)正常来讲，在两种语言中，元音都是必须的，但汉语中有个别只有辅音的例外，如“嗯(ng［ŋ］)”。不同点如下：(1)汉语是声调语言，匈牙利语不是。汉语每个音节都带有声调的印记，即使轻声结构里也是如此。(2)匈牙利语中有辅音连缀，它们可以出现在音节的开头、中间或末尾，汉语没有这样的情况。(3)汉语音节序列中音素的最大值是4个(不考虑非线性调位的情况，如在 CGVG 和 CGVC 类型中)，最小值是1个(如在 V 类型中)。匈牙利语中，音节里的音素数量可以从1个(如 V 类型中 *ó* “old”)到6个甚至更多，特别是在带有声母辅音连缀的外来词中(如 CCCVCC sztrájk［stra(ù)jk］)。

(五)重音和语调

1.汉语和匈牙利语的重音。

重音指用于发出一个音节的力度,它借助增强的声响和提高的音调来实现。大多数语言都有词重音和句重音两种情况。在分开发每一个多音节词时,都会产生它自身的重音模式,这就是词重音。而在一句话之中,相对于句中的其他词,有些(相对重要的)词会重读,这就是句重音。

关于匈牙利语的词重音,Siptár & Törkenczy (2000:21) 指出,在引文中,一个匈牙利语单词会非常典型地具备一个主要的重音,这个重音落在声母音节上,无论这个单词是简单的(如"*iskola* 'school'")、派生的(如"***forrósodik***")或是合成词(如"***szénanátha***")。

匈牙利语还有两种无重音类型——自然而然的连读(本身无重音而与前面有重音的词连读)、重音消除。以下例子可以描述和比较这两种类型(例子来自 Kálmán & Nádasdy, 1994):

(1) a. 'Géza 'táncolni *akar*

G. 跳舞 想

"Géza 想跳舞"

b. 'Géza 'táncolni *akar* a 'magas 'fekete 'lánnyal.

G. 跳舞 想 那个 高高的 黑 和女孩

" Géza 想和那位高高的黑(发)女孩跳舞"

c. 'Géza *bácsi*

G. 叔叔

" Géza 叔叔"

d. 'Géza *bácsi* 'táncolni *akar* a 'magas 'fekete 'lánnyal.

G. 叔叔 跳舞 想 那个 高高的 黑 和女孩

" Géza 叔叔想和那位高高个的黑(发)女孩跳舞"

(2) a. 'Jenő 'táncolni *imád*

J. 跳舞 爱

"Jenő 爱的是跳舞"

b. 'Jenő 'táncolni *imád* a magas fekete lánnyal.

J. 跳舞 爱 那个 高高的 黑 和女孩

"Jenő 爱和那个高高的黑(发)女孩跳舞"

c. 'Jenő 'táncolni *akar*

J. 跳舞 想

" Jenő 想要跳舞"

d. 'Jenő 'táncolni *akar* a magas fekete lánnyal.

J. 跳舞 想 那个 高高的 黑 和女孩

"和那个高高的黑(发)女孩跳舞才是 Jenő 想要的"

在例(1)中,斜体词 *akar*, *bácsi* 是附属语,它们融入到前词的重音区域。*táncolni* 的重音消除了例(2)中整个范围的其余词的重音。关于重音消除,Siptár & Törkenczy (2000:21)指出:"关于消除重音的两个重要事实是,它不需要比非消除重音更强;在同一个句子中,它之后也不能跟随另一个重音,除非其他的也是消除重音类型。据说,没有消除重音的句子具备平韵,和中立的阐释相一致;而消除韵律的句子则有着对比和明显强烈的解释。"

汉语是声调语言。在某种程度上,汉语声调特征如此显著,以至于经常被当作非语调语言。"一些人……很显然认为音高不会同时在词(声调)和句法(语调)层面起作用",这当然是错误的,"事实上,除了声调以外,普通话既有重音也有语调"(Jerry Norman,1988)。

汉语词重音规则相对比较清楚明了。罗常培、王均(2002)指出,"在双音节词中,第二个音节会有一个主重音,而第一个音节会相对轻读,除了那些以轻声结尾的词"。如"老师(lǎoshī)、汉语(hànyǔ)、中国(Zhōngguó)"。鲁健骥(2010)进一步指出"汉语中三个或者三个以上音节构成的词或词组,主重音在最后一个音节上",如"普通话(pǔtōnghuà)、语言教师(yǔyán jiàoshī)、中华人民共和国(Zhōnghuá Rénmín Gònghéguó)"。轻声结尾的词或词组除外,因为主重音在左边和轻声非常接近的完整音调音节上,如"妈妈māma、你好吗(nǐ hǎo ma)、非常喜欢(fēicháng xǐhuan)"。

以上是词层面的主重音运作方式,它也指明了句子重音有可能出现的位置。是否相关音节确实包含了句子的标记重音,这取决于句法结构和言下之意。换言之,它取决于词的相对重要性。词汇越重要,重音越强。在匈牙利语中,实词(如名词、形容词、副词、指示代词和疑问代词)极有可能重读,其他范畴词(如助动词、连词、介词)等通常不重读。汉语也是一样,我们会倾向于重读实词,通常不会重读那些虚词。

2.匈牙利语和汉语的语调。

语调在口语的使用中起着至关重要的作用。这里我们采用相对简单的定义:语调就是说话者在说话中提高或降低音高的方式。语调是表达意旨和情感的重要方式。同样一句话,不同的语调会传达不同的信息。

匈牙利语中的语调主要有两大类:降调和升调。叙述句是降调。Wh 开头的疑问句的语调往往在句末是降调,而且疑问词的声调也伴随着主重音的出现。Yes/No 句要更为复杂些:根据 Siptár & Törkenczy (2000),它"包含一种升降模式 (LHL),假如主重音发生在倒数第三个音节(或之前)上,这种模式就遍及最后三个音节。由此,若一个问题的焦点不是出现在倒数第三个音节上,而是很早之前,那么最后一个双音节词会在它的第一个音节提高音高,而三音节词会在中间音节提高音高"。

至于汉语的语调,简单来说,有降调和升调两大类。劲松(1992)把语调分为高语调、相对低的语调和低语调;赵元任把语调分为 40 种;胡明扬(1987)根据句子末尾音高模式,列出 8 种语调类型(陈述、提问、命令、祈使、惊叹、叹气、祈祷、继续之前的停顿);沈炯(1994)把语调分为功能性语调和评论型语调。林茂灿(2004)提出汉语语调有音高重调和边界调两个变量,并声称只有边界调才在区分问题与陈述方面起作用，疑问句的边界调调型（音高模式），无论阴平、阳平、上声还是去声，都基本保持其原有声调。

对于语言学家来说，音调和语调之间的关系一直都是热点话题。音调和语调是两个截然不同的概念。前者和音节相关，音高是其主要特征，虽然音长和强度也在音调感知中起着重要作用；后者则增加或完善了包括几个单词在内的话语延续的意义。总结起来，音高在声调和语调中都是起决定性作用的；声调关系到音节而语调关系到说话的方式。那么，两者之间的关系是什么呢？赵元任（1983）提出了有影响力的理论：他运用“小波浪”和“大波浪”的暗喻分别形容声调和语调，提出声调和语调的关系就是“小波浪”和“大波浪”的代数和。吴宗济（1997）指出“代数和”指的是语域的代数和。换言之，“小波浪”和“大波浪”的代数和可以被解释成声调和语调的平均音高的代数和；同时，语调的形态保持不变。虽然声调和语调相对独立的，但在实际发音方面还是相互关联、密不可分的，事实上，语调就是通过声调的音高移动来展现的。另一方面，话语语调中的音节声调基本保持不变，但是语域和声调形态都受限于语调。

此外，超音段语调的语义价值是非常清楚的。如，“今天是你的生日。（Jīntiān shì nǐ de shēngrì. ）”和“今天是你的生日？（Jīntiān shì nǐ de shēngrì?）”的区别就是语调，语调体现了疑问特质。

三、对比分析和困难程度

以上我们讨论了汉语和匈牙利语的语音差异，两种语言的异同对教学的意义可在此归纳一下。那么，哪些异同最值得汉语教师和学习者关注呢？我们借鉴 Prator（1967）的分类法，这种分类法相信对比分析和两种语言间的等级差的教学价值，而这种等级差是基于外语学习者可能会遇到的困难的难易度。Prator 难度层级如下表所示（0 难度最小，5 难度最大）：

表 8　基于 Prator(1967)的难度层级分类

层级	类别	说明
5	分裂	L1 的一项，在 L2 分裂为两项或更多
4	全新	L1 缺失的一项，L2 存在
3	重新解读	L1 的一项，以新的形式在 L2 出现
2	缺失	L1 的一项，在 L2 缺失
1	合并	L1 的两项或多项，在 L2 合并为一项
0	一致	L1 和 L2 的相同项

“一致”指两种语言没有差异的地方，学习者学习起来毫不费力，难度系数为 0。“分裂”指

第一语言中的一个项目对应目的语中两个甚至多个项目，学习难度最大，难度系数为5。两种语言间明确的异同等级取决于哪个是第一语言哪个是第二语言。如“匈牙利语→汉语”最难的“分裂”类型，在“汉语→匈牙利语”中则可能是容易得多的“合并”类型。我们应该记住学习者在识别和/或模仿不同语音的过程中所经历的难易度不一定与理解和被理解中所产生的问题成正比。在没有歧义的情况之下，学习者不能感知不同语音，这并不重要。不能正确发音导致的是“审美”问题，而非交际方面的问题。

显然，对于学习者来说，0、1和2类别不太可能是造成语音困难的直接原因，下面我们将重点讨论3、4和5类别。

（一）分裂

元音。(1)匈牙利语[i]与汉语[i][ɿ][ʅ]的对比。匈牙利学习者在认识两者的差异上几乎没什么困难，他们通常能意识得到要发出怎样的音，但会发现要真正做到有一定困难。这也许会导致尴尬或“奇怪”的发音，但通常不会造成误解。(2)匈牙利语[a]与汉语中[ʌ][ɑ]的对比。匈牙利学习者在区分这些元音方面确实有些困难，但在汉语中的这种差别不是音位上的，也不是很明显。因此，这些困难通常不会引起交流的障碍。

辅音。匈牙利语清塞音/塞擦音与汉语的送气/不送气辅音对的对比。由于发音差异的显著性，因此二者在发音和感知上都是很容易区分的。

（二）全新

元音。(1)匈牙利学习者很难准确发出汉语[ɤ]，而且很难区分[ɤ]与[ə]，我们很难阻止(或停止)匈牙利学习者发出类似于[œ]的音。但这两个音在汉语中是“音位变体”，因此一般不会产生误解。(2)匈牙利学习者很难掌握汉语的卷舌中元音[ər]，经常用标准的匈牙利语序列 *[œr]来代替，就像在“*sör*(啤酒)”里一样。但这并不是很严重的问题，通常不会造成交流的障碍。(3)匈牙利语中通常没有合适的半元音，且没有双元音，匈牙利学习者经常用相应的完全元音序列替代汉语的双元音。这本身并不会造成混淆。一旦二者之间的差异得到解释，匈牙利学习者发出必要的双元音并不太难。

辅音。(1)匈牙利学习者很难准确地发出汉语的卷舌音，也很难有感知地把它们与匈牙利语的硬腭齿龈音区分开来，但他们可以很容易将之与汉语中的其他发音区分开来。(2)匈牙利学习者很难准确发出汉语的 *apda* 辅音，也很难把它们与匈牙利语中的舌背硬腭音区分开来，但他们很容易将之与汉语中的其他发音区分开来。(3)对于匈牙利学习者来说，汉语中的“小舌近音[x]”不难感知，只是发音上会有点儿难度。但匈牙利学习者通常用[h]替代的方法并不会造成理解困难。

声调和音节结构。(1)匈牙利语是非声调语言，当一个讲无声调语言的人好不容易熟悉了汉语声调系统，他可能还会因为轻声和连读音变等而再次陷入困境。(2)汉语是单音节语言，一个音节就是一个语素，而大多数匈牙利语语素中通常包含一个以上的音节。匈牙利学习者在学习过程中可能会将汉语音节分割，也就是将一个含有双元音的汉语音节分割成一系列元音，听起来很"古怪"，但一般不会导致交流问题。

重音和语调。音节声调的存在往往会掩盖超音段语调的重要性。一些匈牙利学习者发现自己很难同时感知到声调和语调，他们往往专注于在说话时发出准确的声调，而不是语调。这可能会造成交流问题，比如在某些情况下，一个陈述句和一个疑问句之间的区别可能仅仅只用语调来表示，而不使用"疑问词"。

（三）重新解读

元音。[ɛ][e]在匈牙利语中是各自独立的音素，而在汉语中则是同一音位的音位变体。在韵尾[-i]前面的是[e]，如"被[pei]、危[weɪ] [ʊeɪ]"；做韵腹、无韵尾时是[ɛ]，如"欸[ɛ]、街[tɕiɛ]、绝[tɕyɛ]"。这可能会给学习匈牙利语的中国人带来困难，但对学习汉语的匈牙利人来说并不是什么问题。

辅音。(1)匈牙利语中的硬腭摩擦音[ʃ][ʒ]，与汉语中的卷舌擦音[ʂ][ʐ]最为接近。匈牙利学习者在说汉语时，倾向于用自己语言中的"对应物"来代替汉语的发音，虽然听起来"不太美妙"，但不至于引起混淆。(2)软腭鼻音[ŋ]在汉语中作为独立音素存在，但在匈牙利语中只是[n]的一个音位变体，更多出现在[ŋg]中。匈牙利学习者需要通过练习发出独立的[ŋ]。

四、结论：进一步考虑语音特征的选择

我们考察了汉语和匈牙利语的主要音位特征，分析了两种语言在辅音、元音、声调和音节方面的异同。基于以上分析，结合 Prator(1967)的分类，就能确定汉语的哪些语音元素在理论上可能会给匈牙利学习者带来困难。许多老师会乐于使用典型的传统结构主义的"语法翻译"或行为主义的语言教学方法。他们从视为"相对容易"的语言元素开始，一旦这些元素被习得，就用它们作为"积木"来构建语言的其余部分。这样的教学方法看起来很有吸引力，但却存在许多缺点。众所周知，人们(尤其是说母语的人)关于"相对容易"和"相对困难"的直觉判断是不可靠的。即便他们是准确的，或者即使我们接受了"两种语言对应元素之间的'距离'越大，难度可能就越大"这一基本观点，并且采取 Prator(1967)所描述的分类层级，但也无法保证以它们为基础而构建的革新的结构性教学大纲将会有效。在这方面，我们需要考虑的只有 Dulay & Burt(1974)所论证的关于作为一门外语的英语词素习得的自然顺序与规划好的教科书序列之间所存在的显著差异。

一种不同的、以学习者为中心的观点，将意味着需要从学习者自身优先和期望开始，这些部分根源于关于目标知识或技能的普遍可用的知识，还有一些则产生于个人经验。考虑到在

任何学习过程中个体动机和态度的重要性,这种方法有很多值得推荐之处。简单地说,除非学习者相信自己所期待学习到的东西是值得付出努力的,否则一个学习者不太可能取得很大的进步。然而,这本身也并不是一个可靠的语言学习计划的充分基础。学习者的选择可能是不现实的,也有可能是部分错误的,在这方面,老师或者教科书的编撰者应该给以指导,或者至少应该引导学习者,这是他们的责任。

在尝试这样做的时候,老师可能会发现从实用主义角度出发是有用的——工具性学习动机可以通过指出需要学习的东西的实际价值来进行创造和培养,这就引领我们进入了选择值得优先考虑的语音特征时的原则之一。这一原则可以用"沟通效率的潜力"来概括;或者在我们考虑到语音的差异可能会造成困难的情况下,用"避免交流混乱的潜力"来概括。在此基础上做出的选择既满足了学生感知的需求,又满足了教育机构的责任,即确保从学生(起码)能对汉语有一个有效可行的掌握。

从前文各差异分类列表,我们发现了两个潜在的学习困难和潜在的沟通无效的问题:音节声调和与之密切相关的超音段语调中音节声调的干扰。它们都属于"全新"范畴,因此应该代表了匈牙利学习者汉语语音学习的难度。然而,正如我们在前面所谈到的,汉语中的"超音段"语调是一个复杂而有争议的问题。最重要的是,尽管语调肯定是有其意旨的,但比起直接影响着几乎所有的中文词汇,而且通常带有语义价值的音节声调来说,语调的重要性看起来要稍逊一筹。

总而言之,选择最值得老师和学习者关注的音节声调作为汉语语音教学的重点和难点,应该是毋庸置疑的。

参考文献

胡明扬(1987)《北京话初探》,北京:商务印书馆。

黄伯荣、廖序东主编(1991)《现代汉语》,北京:高等教育出版社。

劲　松(1992) 北京话语调的实验探索,《语言教学与研究》第2期。

林茂灿(2004) 汉语语调与声调,《语言文字应用》第3期。

林　焘(1996) 语音研究和对外汉语教学,《世界汉语教学》第3期。

鲁健骥(2010) 对外汉语语音教学几个基本问题的再认识,《大连学院学报》第5期。

罗常培、王　均(2002)《普通语音学纲要》(修订本),北京:商务印书馆。

沈　炯(1994) 汉语语调构造和语调类型,《方言》第3期。

吴宗济(1997) 从声调和乐律的关系提出普通话语调处理的新方法,刊《庆祝中国社会科学院语言研究所建所45周年学术论文集》,北京:商务印书馆。

徐世荣(1980)《普通话语音知识》,北京:文字改革出版社。

赵元任(1983)《通字方案》,北京:商务印书馆。

Chao, Yuen Ren (1948). *Mandarin Primer, An Intensive Course in Spoken Chinese*. Cambridge, MA: Harvard University Press.

Chao, Yuen Ren (1968). *A Grammar of Spoken Chinese*. Berkeley: University of California Press.

Crystal, David (1995). Documenting rhythmical change. In Lewis, J. (ed.), *Studies in General and English Phonetics: Essays in Honour of Professor J. D. O' Connor*. London: Routledge 174 – 179.

Duanmu, San (2000). *The Phonology of Standard Chinese*. Oxford: Oxford University Press.

Dulay, Heidi & Marina Burt (1974). Natural sequences in child second language acquisition. *Language Learning*, 24: 37 – 53.

Gósy Mária (2004). *Fonetika, a Beszéd Tudománya* [Phonetics: the Science of Speech]. Budapest: Osiris Kiadó.

Kálmán, Lászlo & Ádám Nádasdy (1994). A hangsúly [Stress]. In Ferenc Kiefer (ed.) *Strukturális Magyar Nyelvtan 2. - Fonológia* [A Structural Grammar of Hungarian vol. 2. - Phonology] Budapest: Akadémiai Kiadó., 393 – 467.

Kiefer, Ferenc & Katalin É. Kiss. (eds.) (1994). *The Syntactic Structure of Hungarian*. *Syntax and Semantics* 27. San Diego and New York: Academic Press.

Kornai, András (1994). On Hungarian Morphology. *Linguistica, Series A: Studia et Dissertations, 14*. Budapest: Linguistics Institute of HAS.

Lee, Wai-Sum & Eric Zee (2003). Standard Chinese (Beijing). *Journal of the International Phonetic Association* 33: 109 – 112.

Li, Fang-Kuei (1972). Language and dialects in China. *Free China Review 22*,5.

Lin, Yen-Hwei (2007). *The Sounds of Chinese*. Cambridge: Cambridge University Press.

Norman, Jerry (1988). *Chinese*. Cambridge: Cambridge University Press.

Prator, Clifford (1967). Guidelines for planning classes and teaching materials. *Working Papers in English as a Second Language. Matter, Methods, Materials*. Los Angeles: Department of English, University of California.

Pulleyblank, Edwin (1984). *Middle Chinese: A Study in Historical Phonology*. Vancouver: University of British Columbia Press.

Roach, Peter (1982). On the distinction between stress-timed and syllable-timed languages. In David Crystal (ed.) *Linguistic Controversies*. London: Edward Arnold 73 – 9.

Rogers, Carl (1969). *Freedom to Learn: A View of What Education Might Become*. Columbus, OH: Charles E. Merrill.

Seikel, Anthony, Douglas King & David Drumright (2010). *Anatomy & Physiology for Speech, Language and Hearing* (*4th ed*), Cliffon Park, NY: Delmar Language Learning.

Siptár, Péter & Miklós Törkenczy (2000). *The Phonology of Hungarian*. Oxford: Oxford University Press.

埃及学生汉语趋向补语偏误分析

〔埃及〕穆爱娅

提　要　阿拉伯语和汉语是两种语法系统完全不同的语言，这使埃及学生在学习汉语过程中出现很多语法偏误，趋向补语的使用偏误就是其中之一。本文通过调查总结出埃及学生学习趋向补语时出现的结构偏误和语义偏误，分析了偏误产生的原因，并提出了针对埃及学生的趋向补语教学策略。

关键词　埃及学生；趋向补语；偏误分析；教学策略

An Analysis of Egyptian Students' Errors in Chinese Directional Complement

〔Egypt〕Aya Mahmoud Ahmed Talaat

Abstract　Arabic and Chinese have completely different grammar systems, which makes Egyptian learners of Chinese have many grammatical errors. One of them is related to the complement of direction. This paper summarizes the types of errors in Egyptian students' learning the complement of direction through questionnaires. It is divided into two types, the errors in sentence structure and the errors in sentence meaning. In sentence structure, the highest error rate lies in the misalignment of compound complement of direction and object position. In sentence meaning, the highest error rate lies in misclassification. It has been found that there are three main reasons for those errors, i.e., negative transfer from the native language, negative transfer from the target language, and the influence of the improper way of teaching and improperly-translated textbooks.

Key words　Egyptian students, directional complements, error analysis, teaching strategy

---

【作者简介】穆爱娅，女，埃及籍，贝尼苏非大学语言学院中文系教师，开罗大学文学院中文系在读博士研究生，主要研究方向为语言学、汉语语言学、汉语教学。

一、问题的提出

阿拉伯语是一种有着丰富词语形态变化的语言，被称为“形态变化语言”。汉语则不同。汉语没有词汇的形态变化，它使用增加助词或者其他语法成分的方法来表达语义，被称为“语义型语法体系”。两种语言的表达方式也存在不同。阿拉伯语中没有汉语特有的趋向补语，但它有表示动作行为方向的动词，例如：(出去)خرج(回来)عاد(下去)نزل。汉语经常用趋向补语来表示动词的方向，而阿拉伯语只用一个动词或介词来表达。例如：汉语中“请你把这个西瓜切开”，阿拉伯语表达为“من فضلك أقطع هذه البطيخة”(请你把这个西瓜切)；又如汉语中“请你把这张桌子搬出去”，阿拉伯语表达为“من فضلك أخرج هذه المنضدة”(请你把这张桌子搬)。这种表达上的差异会使学生搞不懂为什么要使用趋向补语，从而增加汉语学习的难度。

那么，埃及学生学习趋向补语时有哪些常见错误呢？其背后的原因又有哪些呢？本文将着重探讨这些问题。

二、研究方法

(一) 调查对象

笔者对120名初级、中级和高级水平的埃及学生进行了问卷调查，他们分别来自首都师范大学、北京语言大学、北京大学、中国人民大学、埃及开罗大学和埃及艾因·夏姆斯大学。学生的年龄在18—30岁之间。他们的母语都是阿拉伯语，均学过英语，汉语是他们正在学习的第二语言。被试的情况详见下表：

表1 被试构成情况

学校	汉语水平		
	高级	中级	初级
首都师范大学	5	—	1
北京语言大学	11	8	6
北京大学	5	6	—
中国人民大学	2	—	3
埃及开罗大学	13	20	17
埃及艾因·夏姆斯大学	4	6	13
总计	40	40	40

（二）调查方法

本研究采用测试性调查的方法，以两种方式发放问卷，一是通过互联网给在埃及的学习者发放调查问卷，二是课后给在中国的埃及留学生现场发放调查问卷。

回收调查问卷后，对部分学生进行了访谈。

（三）调查内容

调查问卷共设计了54题，包括六种题型。

补语语序题7题，如：爸爸看A起B来C（今天的报纸）。

填空题9题，如：我渐渐喜欢（　）了中国。

选择题11题，如：我在外面看见他从办公室里搬（　）一张桌子。（A.出来 B.出去 C.进来 D.进去）

改错题6题，如：等我长大起来，我就去国外学习。

考查学生对"立足点"理解的题目6题，如：她爬上山（　）了，我们班顺利登顶了。

翻译题1题5，如：سأنزل في الحال。

设计选择题和改错题的目的是考查学生汉语趋向补语的习得情况，发现常见的偏误类型，同时也是为了了解他们对趋向补语与动词及宾语的搭配的掌握情况；设置语序题和翻译题的目的是考查在不受选项干扰的情况下学生使用汉语趋向补语的能力。

（四）调查结果

调查结果显示，埃及学生的汉语趋向补语的偏误主要分为错序、遗漏、误代、误加四种，详见下表：

表2　偏误统计

汉语水平	偏误类型及占比/%					
	简单趋向补语与宾语错位	复合趋向补语与宾语错位	遗漏	立足点混淆	其他误代	误加
初级	18	25	22	7	15	13
中级	17	26	24	6	14	13
高级	15	24	26	6	14	15

通过访谈，笔者了解到：趋向补语是初级水平埃及学生汉语学习的难点，而在初级阶段，老师会把趋向补语所有的格式都放在一起讲授，这会导致他们使用时感到迷惑；到了中级阶段，埃及学生对汉语趋向补语的运用不够熟练，再加上阿拉伯语中没有相对应的语法形式，使得这一阶段的学生产生的偏误特别多。调查还表明，复合趋向补语的偏误比简单趋向补语的偏误

更多，这跟学生母语阿拉伯语的负迁移有关。

三、讨论及教学建议

（一）偏误类别

埃及学生使用汉语趋向补语时不仅偏误率很高，而且偏误类型较复杂。本调查中出现的趋向补语偏误主要分为两大类：结构上的偏误和语义上的偏误。

1.结构上的偏误。

结构上的偏误是指趋向补语和宾语搭配的顺序有误，这种偏误率很高。例如："＊他进去图书馆"，应改为"他进图书馆去"。通过调查和访谈我们发现，埃及学生使用趋向补语时出现的错序偏误率最高，其类型主要是宾语与趋向补语的错位。

（1）简单趋向补语的宾语位置错误。

现代汉语中，简单趋向补语有四种结构方式：

如果宾语是处所宾语，宾语应置于动词和"来、去"之间，格式为"V＋宾语＋来/去"。例如："她回房间去了""你上山来吧！我们在山顶等你"。

当宾语表示人或事物时，既可以放在趋向补语后面，也可以放在补语前面，这时就有两个不同的格式："V＋宾语＋来/去"式和"V＋来/去＋宾语"式。例如："她拿了一支笔来""她拿来了一支笔""他从书架里拿出一本书来""他从书架里拿出来了一本书"。这种情况用在陈述句里。若是祈使句，只能用"V＋宾语＋来/去"格式。例如："请你带一本书来"。

当宾语表示抽象事物时，只能用在宾语前面。例如："春天给我带来了温暖""我在等她的时候，突然飘来了花香"。

无论宾语是处所名词还是其他词类都应置于简单趋向补语之后。例如："玛丽渐渐爱上了中国""这个房间可以坐下50个人"。

这四种情况比较复杂，学生往往难以掌握。本研究结果显示，简单趋向补语的宾语位置错误偏多，偏误率为50%。错误类型有两种：一种是处所宾语的位置错位，学生经常会把处所宾语放在趋向补语后。例如："＊我马上要回去埃及"，应改为"我马上要回埃及去"，因为宾语是处所名词，应该放在趋向补语前。另一种是事物宾语的位置错位。例如："＊春天给我们带温暖来了"，应改为"春天给我们带来了温暖"，"了"表示已经实现，所以宾语只能放在趋向补语后。

（2）复合趋向补语的宾语位置错误。

复合趋向补语的结构也比较复杂，主要有两种：

趋向补语结构中包含处所宾语，结构式是"动词＋趋向动词＋处所宾语＋来/去"。例如：

“她走进房间去了”。

趋向补语结构中包含非处所宾语，结构式有三种。一是“动词 + 趋向动词 + 宾语 + 来/去”。例如：“树林里跳出一只猴子来”。二是“动词 + 宾语 + 趋向动词 + 来/去”。例如：“别忘了带点水果回来”。三是“动词 + 趋向补语 + 宾语”。例如“他带回来几封信”。

复合趋向补语的复杂性也使学生容易出错，错误率达 75%。例如：“*他生气起来”。显然，上述句中宾语的位置不正确，应该放在“趋向动词 1”后和“趋向动词 2”前。但是老师讲补语时往往会强调补语应该放在动词后面，这导致学生无论什么情况都会把趋向补语一起放在动词之后。

(3)遗漏。

趋向补语遗漏是埃及学生使用趋向补语容易产生的偏误之一，偏误率为 72%。例如：“*他马上走下楼”“*我想来一个好办法”。

在完成测试问卷后，笔者也对学生进行了访谈，他们认为自己产生偏误的原因是阿拉伯语中没有这个语法成分，担心用错，所以会选择回避使用。

2.语义上的偏误。

由于阿拉伯语与汉语的系统完全不同，所以很多情况下不能对译；母语为阿拉伯语的学生在趋向补语的语义表达上也会出现错误，主要表现在三个方面。

(1)立足点混淆。

趋向词“立足点”混淆是偏误率最低的一类，为 19%。例如：“*我们聊完以后，玛丽就从办公室走出来”。

(2)误代。

由于阿拉伯语根本没有趋向补语，因此学生需要很长时间、反复练习才能掌握汉语的趋向补语。尤其是引申义，学生一般不能透彻理解，常常出错。这类偏误率为 43%。例如“*我渐渐喜欢起了中国”。

(3)误加。

由于老师讲汉语趋向补语时会强调它的结构，学生经常忽略意义，导致在不需要使用趋向补语的情况下却使用了趋向补语，从而使句子语义前后矛盾，这种偏误率为 41%。例如：“*等我长大起来，我就去国外学习”“*从这个地方流出下去的是埃及的尼罗河”“*如有什么事情，欢迎致电来我们公司”。

（二）偏误原因分析

母语为阿拉伯语的学生使用汉语趋向补语的偏误主要集中在语法和语言表达上的习惯差异、对趋向补语及其引申义的理解、趋向补语与宾语的位置混淆等。造成这些的偏误的原因主要涉及两个方面：学生自身的原因、教材与教学的原因。

1.学生的原因。

(1)母语负迁移。

语言之间的差异会给学习外语的学生带来困难。埃及学生学习汉语趋向补语时,很容易受到母语阿拉伯语的影响。比如,阿拉伯语和汉语表达趋向意义的方法很不相同,请见下表:

表3 趋向补语在阿拉伯语中的对应表达式

汉语表达方式	阿拉伯语表达方式
回来	يعود(回)
回去	يذهب(去)
切开	يقطع(切)
流下	يتدفق(流)
搬出去	ينقل(搬)

虽然阿拉伯语中没有趋向补语,但是它有表达趋向意义的方法,最常见的方法是省略汉语趋向补语,只使用一个动词表达动作的方向。因此,埃及学生在使用汉语时会出趋向补语的遗漏偏误。

(2)目的语负迁移。

埃及学生学习汉语的初级阶段,初次接触趋向补语,在学习过程中,会根据自己掌握不多的汉语知识,自行归纳出一些所谓的"规律",往往会忽视趋向补语不但有基本义而且也有引申义。例如:"*自从来中国后,我很努力地学习,所以比在埃及学习忙起来了",学生已经知道了"起来"可以用来表示动作的开始,但是这句话比较的是动词,不能再加补充成分;再比如"*虽然这件事很重要,但是新闻却没有向我们报告出",学生学过在表达动作的产生就用"出"作为趋向补语,但其实不是所有的情况都适用,于是造成了上面的偏误。

2.教材与教学的影响。

(1)教材的影响。

教材是教学的重要依据,使用质量不高或者不恰当的教材会影响教学效果。在埃及,引进教材的途径有限,有些教材并不适用。以笔者在大学一年级时使用的语法教材为例。教材采用英语翻译,例如:"请打开窗户",英语表达是"Please open the window.";又如:"没有他,我活不下去",英语表达是"I can't live without him.",而英语翻译根本看不出有补语成分,这造成了学生理解上的困难。另外教材里的练习设计不足,不利于初学者巩固提高。

(2)教学的影响。

通过访谈,笔者发现趋向补语的教学有待改善和提升。汉语语法对母语者来说很简单,也有一些教师认为语法根本不用讲,但是汉语语法对外国学习者来说却并不容易。有学生谈到,有一些教师在讲解汉语趋向补语时,不说明意义,甚至把这一语法点解释为一种习惯用法。这样的解释相当于什么都没讲,导致学生理解起来非常吃力。从此可见,如果教师抱着"习惯这么说"的心态来讲解趋向补语，那么会使本来就是难点的趋向补语更加难以掌握。笔者认为，外教授课对初级阶段的学生来说是一把双刃剑，尽管可以提高学生的口语水平，但是如果不用学生母语讲解语法、讲透语法，往往会影响学生理解，从而造成偏误。

（三）对趋向补语教学与学习的建议

1.教学建议。

（1）分层讲解补语格式，有效分散教学难点。

通常情况下，在讲授汉语补语时，很多教师会把补语所有的格式放在一起讲解，再给一定的练习让学生操练。这种讲授方法虽然系统全面，但一下子给汉语水平有限的学生这么多内容，反而会给学生带来困扰，不知道在哪种情况下使用哪个格式才对。例如：趋向补语带宾语时，宾语既可以放在补语前又可以放在补语后。有老师在教学时告诉学生，"买回一支笔来"和"买回来一支笔"的区别在于使用频率的高与低。这样的讲解使得大部分学生无所适从，于是就会选择回避策略，所有的情况下都只使用一种格式。笔者认为，在初级阶段无论宾语是处所名词还是其他成分，最好先教授最常用的格式，这样会避免混淆。到中级阶段，当学生积累了更多的汉语相关知识和语感后，能较好掌握趋向补语时，再教授其他格式及用法。

（2）使用更适合埃及学生的教材。

埃及的很多学校刚刚开设中文系，还没有属于自己的教材，基本上采用中国提供的汉语教材。以开罗大学为例，教材的注释和语法解释都采用英语翻译，对于埃及学生来说，汉语语法翻译成英语会增加难度。虽然目前已有教材使用阿拉伯语翻译，但对相关语法知识的介绍和解释往往语焉不详，不够准确，实用性有限。例如："他进教室去了"，翻译成"دخل الفصل"即"进教室"，翻译后没有体现补语成分，这自然会影响学生对这种语法结构的理解。因此，编写翻译到位、讲解准确、练习全面的阿拉伯语版汉语教材已成为当务之急。

（3）加强操练。

埃及学生学习汉语趋向补语时遇到最大的问题是练习数量和练习时间不够。建议在初级阶段，采取精讲多练的方式，循序渐进，增加针对性的练习，把大量时间用在练习上。在教学过程中以简单趋向补语、复合趋向补语为序讲解，之后强化练习。教学中，不仅依靠教材中的练习，还应充分利用各种教材外资源，加大趋向补语的操练强度。

2.学习策略建议。

（1）摆脱阿拉伯语负迁移的影响。

阿拉伯语没有趋向补语，埃及学生学习汉语时也会使用母语思维习惯去理解，因此他们在学习汉语趋向补语过程中往往会出现遗漏。例如："孩子向我跑过来了"，在阿拉伯语中的结构是"جرى الطفل تجاهي"（孩子跑了向我），这种母语结构会让学生表达在表达时遗漏趋向补语"过来"。为了避免这种偏误，教师应帮助学生通过阿拉伯语和汉语的对比分析，熟悉两种语言语法系统的差别，逐渐摆脱阿拉伯语表达习惯的干扰。另外，在运用中掌握好外语是一个好方法。埃及学生应多阅读汉语材料，熟悉汉语语法体系，培养汉语语感；也可通过互联网多关注中国的媒体，创造条件跟中国人交流，关注自己容易出错的问题，进而真正学会使用趋向补语。

(2)自觉实践运用。

汉语趋向补语有较多的结构和意义，学生很难区分。即使老师在课堂上讲得特别清楚，但课堂上缺乏实践环境，课后学生很难正确运用。因此，在老师讲解之后，学生应该自觉运用，使用老师讲解的趋向补语练习对话或者做造句练习，这样会增强对趋向补语的记忆。

参考文献

金善熙(2004) 韩国学生学习使用汉语趋向补语的偏误分析，华东师范大学硕士学位论文。
孟　国(2011)《对外汉语十个语法难点的偏误研究》，北京大学出版社。
王　莉(2005) 民族学生汉语简单趋向补语习得研究，新疆大学硕士学位论文。
许　哲(2002) 朝鲜族小学生汉语述补结构偏误分析，延边大学硕士学位论文。
张思蕊(2012) 阿拉伯语留学生对汉语复合趋向补语问题的研究，吉林大学硕士学位论文。

《专业教师教育者》述介

马秀丽

图书基本信息 M. Lunenberg, J. Dengerink, & F. Korthagen. 2014. *The Professional Teacher Educator: Roles, Behavior and Professional Development of Teacher Educators*. Boston: Sense Publishers. ix + 166pp.

《专业教师教育者》由荷兰阿姆斯特丹自由大学 Lunenberg 和 Dengerink 以及荷兰乌得勒支大学 Korthagen 合著，是“职业学习”系列图书中的第 13 本。著名教师教育研究专家、澳大利亚莫纳什大学教授 John Loughran 为其作序。该书是一本基于文献分析的研究报告，主要研究问题是：(一)教师教育者有哪些专业角色？(二)决定教师教育者专业角色和专业行为的关键因素有哪些？(三)在教师教育者专业角色和专业行为发展方面，关键因素有哪些？该书基于现有研究，对教师教育者专业角色、专业行为及其发展进行了全面深入的分析，填补了这方面的研究空白。

第一章介绍了作者写作本书的目的以及研究的意义。作者指出，教师教育者是一个特殊的职业，不同于中小学教育中的教师。教师教育者作为教师的教师，在教育链条中起着关键的作用。然而大量研究发现，教师教育者在其专业发展过程中需要得到更多的支持。这本书对有关教师教育者的研究进行了全面回顾与梳理，为全面了解该领域最重要的研究成果提供了便捷的途径，对教师教育者以及整个社会都具有重要的意义。

第二章为“主要概念”，介绍了本书中最重要的四个概念。(一)教师教育者。作者认为这一术语应该包含实习教师的指导老师，他们将教师教育者定义为“教授或指导老师以促进其专业发展的人员”。(二)专业角色。指个人对职位的解读，这种解读基于环境对该职位的期望，也基于个人的知识背景。这一定义强调职位以及周围环境对职位的期望，因此不同于“专业认同”。(三)专业行为。指建立在系统的、可迁移的知识基础之上的行为，专业行为反映的是专业社团的价值和准则。(四)关键因素。指对专业角色、专业行为和专业发展等的质量起决定作用的因素，作者同时指出，关键因素仅限于在实证研究中已经得到充分印证的那些因素。

【作者简介】马秀丽，女，博士，中央民族大学国际教育学院讲师，主要研究方向为教师教育、汉语国际教育。

第三章为“方法”,详细介绍了本研究遵循的八个步骤:创建审计存底(audit trail)、确定文献综述的核心、搜索相关文献、文献归类、创建文献提要数据库、确定核心概念及假设的因果关联、寻找相反的结论或不同的解读、请同事或其他知情人验证结论。搜索文献所用的关键词是“teacher educator(s)”“teacher trainer(s)”“mentor teacher(s)”,搜索数据库为 Web of Knowledge, Science Direct 和 Tandfonline,文献的起止年限为 1991 年至 2011 年。报告初稿送给国际上教师教育研究领域的 7 名专家审阅,大部分反馈肯定了研究所用的方法和主要结论;作者也根据反馈意见,调整了一些内容,增加了部分文献,对个别结论进行了润色。经过这八个严格的步骤,最终从 1260 篇相关文献中确定了 137 篇作为最后的分析对象,这些文章的研究对象都是教育教育者(而不是在研究其他问题时提到了教师教育者)。这 137 篇文献主要来自美国(46 篇)、荷兰(23 篇)和英国(14 篇),发表的主要阵地是 *Teaching and Teacher Education*(39 篇),主要研究类型为个案研究(36 篇)、自我研究(28 篇)。

第四章为“结果:教师教育者职业的特征”,全面展现了研究的结果。文献分析表明,教师教育者这一职业所具有的角色可分为六种,即:教师的教师(teacher of teachers,67 篇)、研究者(researcher,26 篇)、教练(coach,25 篇)、课程开发者(curriculum developer,14 篇)、守门人(gatekeeper,8 篇)、经纪人(broker,11 篇)。在前三个角色(教师的教师、研究者、教练)上,研究比较集中;对后三个角色(课程开发者、守门人、经纪人)进行研究的较少,特别是这些角色的发展,更是罕见,只有一例研究。作者也归纳出了影响每种角色的关键因素,以及能够解释前三个角色发展的因素。本章是全书的重点,篇幅也最长,这里仅以教师的教师这一角色为例加以说明。在这一角色及其专业行为方面,影响因素共有四大类七小类,分别是:(一)二阶教育即高等教育能力,包括两小类——对成人学生进行高等教育的能力,明确表述缄默知识和基本理论的能力;(二)有视野并促进主动学习的能力;(三)示范并将示范明晰化的能力,包括三小类——进行两种示范(示范行为、示范行为的理据)的能力,在实践中示范的能力,关注示范过程中的情感因素的能力;(四)处理矛盾和困难的能力。在教师的教师这一角色的发展方面,解释因素有四大类八小类,分别是:(一)环境中是否有相关的参考框架;(二)基于个人特质的发展,包括两小类——个人特质,先前知识和经验;(三)支持,包括四小类——是否有指导教师,是否有机会向同事学习,参与学习者共同体的机会,是否学过相关课程;(四)研究自己的实践。对于每一类因素,作者都进行了细致的描述。

第五章为“结论和讨论”,对研究过程以及结果进行了总结,对今后的研究和实践提出了建议。总的来看,作者认为,现有研究分布不均,重点各异,并且缺少概念上的连贯性,能够促进合作的研究线索和努力不明显,扎实的量化研究几乎没有。尽管如此,在教师教育者的职业行为方面,学术界已经开始积累相关的实证基础;在某些职业角色方面,也已经发现了一些有效的行为。对未来的研究,作者建议,要争取建立一个协调一致的研究项目,加强国际合作;职业行为方面仍然需要更多研究,重点是关键因素及其有效性的探讨;在职业发展方面,要重点研究对职业发展有促进作用的活动和它们带来的学习过程与结果,也需要关注如何把研究成果运用到教师教育者的日常工作中。作者指出，教师教育者方面的研究多为小规模的定性研究，以后要注意加强研究的协调性，努力开展定量研究、大规模研究以及长期追踪研究。对教师教育者的实践，作者建议，在个人层面，教师教育者应该多利用本书的成果，因为它整合了目前教师教育者领域最重要的研究成果，可以在较短时间内获得大量有用的信息。在组织层面，要建立国家级的教师教育者标准，为教师教育者提供一个参考框架；要投入更多精力，采取多种方式，系统地促进教师教育者的职业发展。

第六章为"荷兰个案"。荷兰的教师教育者研究在世界上处于领先地位，本章介绍了荷兰教师教育者协会为提高教师教育者质量而进行的、由本书作者完成的三项研究。第一项研究建立了荷兰的国家教师教育者标准以及一套注册程序，越来越多的教师教育者通过注册，成为正式的教师教育者。第二项研究搭建了教师教育者的知识基础，共包括三个模块 10 个领域：模块一是核心领域，包括教师教育职业、教师教育方法、学习和学生、教学和教练等四个方面；模块二是特定领域，包括特定项目教师教育、特定学科教师教育等两个方面；模块三是扩展领域，包括教师教育环境、教师教育组织、课程开发和评估、教师教育者研究（research by teacher educators）等四个方面。第三项研究开发了一个教师教育者的培训程序，为期一年，课程包含四个模块：教师教育方法、教练（coaching）、教师教育中的研究、职业关系网。培训把网上自学、面对面授课和教师教育者注册程序有机结合了起来。

本书是教师教育者研究方面的一项基础工作，同时也是阶段性的成果汇总。它详细描述了教师教育者承担的角色，影响教师教育者专业行为及其发展的关键因素，这些都为今后的研究、实践和政策提供了方向，也为构建教师教育者的理论打下了坚实的基础。对于教师教育者研究而言，这是一本不可或缺的重要参考文献。对教师教育的理论和实践，也会产生广泛影响。

（责任编辑：央青）

图书在版编目(CIP)数据

汉语国际传播研究. 总第 11 辑/吴应辉主编. —北京：商务印书馆，2019
ISBN 978 - 7 - 100 - 16923 - 3

Ⅰ. ①汉…　Ⅱ. ①吴…　Ⅲ. ①汉语—对外汉语教学—教学研究—文集　Ⅳ. ①H195.3 - 53

中国版本图书馆 CIP 数据核字(2018)第 288274 号

汉语国际传播研究
(总第 11 辑)
吴应辉　主编

商务印书馆出版
(北京王府井大街 36 号　邮政编码 100710)
商务印书馆发行
北京冠中印刷厂印刷
ISBN 978 - 7 - 100 - 16923 - 3

2019 年 1 月第 1 版　　开本 787×1092 1/16
2019 年 1 月北京第 1 次印刷　　印张 11½

定价：40.00 元